VIE POLITIQUE

DE

MARIE — PAUL — JEAN — ROCH — YVES — GILBERT

MOTIÉ,

MARQUIS DE LAFAYETTE

NÉ A CHAVAGNAC (HAUTE-LOIRE)

LE 6 SEPTEMBRE 1757.

PAR E. GIGAULT.

> Rompez, rompez tout pacte avec l'impiété.
> — RACINE.

DEUXIÈME ÉDITION.

PARIS.

L'OUVRAGE SE TROUVE CHEZ :

DELAUNAY,
BOUSQUET,
DOYEN,
CHAUMEROT,
} LIBRAIRES au Palais-Royal.

DENAIN, rue Vivienne, n. 16.
ABEL LEDOUX, r. Richelieu, 95.

BRÉAUTÉ, rue Choiseul, 8.
PAGNERRES et DEVILLE, rue St-André-des-Arts.
GUILLAUMIN, r. Nve-Vivienne, 3.
PERROTIN, place de la Bourse.
ROUANET, rue Verdelet, 6.

1833.

IMPRIMERIE ET FONDERIE DE A. PINARD,
QUAI VOLTAIRE, N° 15.

SOMMAIRE.

Chapitre I. — Guerre d'Amérique. — Création de la garde nationale. — Intrigues contre le duc d'Orléans. — Travaux à l'Assemblée constituante. — Supplice de Foulon. — 5 et 6 octobre. — Actes illégaux.

Chap. II. — Siége de la maison de Marat. — Motion de l'abbé Fauchet. — Fête de la Fédération. — Arrestations de patriotes. — Affaire de Nancy. — Improbation du peuple. — Faits divers.

Chap. III. — Actes anti-populaires. — Tentative de fuite de Louis XVI. — Fuite de Varenne. — Massacre du Champ de Mars. — Mouvement contre-révolutionnaire. — Nomination de Lafayette au commandement de l'armée du Centre.

Chap. IV. — Intrigues avec Capet. — Impopularité. — Lettre de Lafayette. — Voyage à Paris. — Mise en accusation de Lafayette. — Manœuvres contre-révolutionnaires. — Désertion. — Parallèle avec Dumouriez.

Chap. V. — Captivité de Lafayette. — Lettre au Directoire. — Conduite sous l'empire et la restauration. — Révolution de 1830.

PIÈCES JUSTIFICATIVES.

A. Quelques réflexions historiques sur l'Angleterre et les États-Unis d'Amérique.

B. Extrait de Champfort, premier portrait de Lafayette.

C. Lettre de Louis XVI à Lafayette.

D. Lettre de Lafayette au roi Louis XVI.

E. Lettre de Louis XVI à M. de Bouillé.

F. Extrait du discours de Collot-d'Herbois à la Convention, second portrait de Lafayette.

G. Troisième portrait de Lafayette, extrait des *Doctrines républicaines*, etc., par Eugène Dufaitelle.

H. Libéraux avaleurs du milliard.

Ouvrages

CONSULTÉS POUR CETTE BIOGRAPHIE.

Le Véritable portrait de nos législateurs, in-8°. 1792.
Révolutions de Paris, par Prudhomme. 17 vol. in-8°.
Histoire de Lafayette, par M. B... 1830. in-8°.
Histoire des Hommes et des Choses, par Sarrans. 1830.
Histoire des États-Unis de l'Amérique septentrionale, par A. Scheffer. in-12, 1825.
Révolutions de France et du Brabant, par Camille Desmoulins.
Vie de Lafayette, par Regnault-Warin.
Procès-verbal des Électeurs, 1789.
Vie privée et publique du général Lafayette, broch. in-8°. 1791.
Mémoires de Madame Campan.
Collection générale des décrets rendus par la Constituante et la Convention.
Mémoires de Sylvain Bailly.
Papiers trouvés dans l'armoire de fer.
Recueil des arrêts du Tribunal révolutionnaire.
Extrait de la procédure du Châtelet, sur l'affaire des 5 et 6 octobre.
Le Point du Jour, recueil des séances de l'Assemblée, par Barrère.
Essais sur la révolution, par Dulaure.
Collection du Moniteur.
Procès-verbaux des saisies de journaux.
Courrier de Provence, par Mirabeau.
Mémoire des Suisses sur le 10 août 1792.
Histoire de l'abbé de Montgaillard.
Révolution de 1830, par Cabet, député de la Côte-d'Or.
Histoire de la Restauration de la Branche aînée des Bourbons, par un homme d'État, 10 vol. 1833.

VIE POLITIQUE

DE

MARIE — PAUL — JEAN — ROCH — YVES — GILBERT

MOTIÉ,
MARQUIS DE LAFAYETTE

NÉ A CHAVAGNAC (HAUTE-LOIRE)

LE 6 SEPTEMBRE 1757.

PAR E. GIGAULT.

> Rompez, rompez tout pacte avec l'impiété.
> RACINE.

DEUXIÈME ÉDITION.

PARIS.

L'OUVRAGE SE TROUVE CHEZ :

DELAUNAY,
BOUSQUET, } LIBRAIRES
DOYEN, au
CHAUMEROT, Palais-Royal.
DENAIN, rue Vivienne, n. 16.
ABEL LEDOUX, r. Richelieu, 95.

BRÉAUTÉ, rue Choiseul, 8.
PAGNERRES et DEVILLE, rue St-André-des-Arts.
GUILLAUMIN, r. N^{ve}-Vivienne, 3.
PERROTIN, place de la Bourse.
ROUANET, rue Verdelet, 6.

1833.

IMPRIMERIE ET FONDERIE DE A. PINARD,
QUAI VOLTAIRE, N° 15.

SOMMAIRE.

Chapitre I. — Guerre d'Amérique. — Création de la garde nationale. — Intrigues contre le duc d'Orléans. — Travaux à l'Assemblée constituante. — Supplice de Foulon. — 5 et 6 octobre. — Actes illégaux.

Chap. II. — Siége de la maison de Marat. — Motion de l'abbé Fauchet. — Fête de la Fédération. — Arrestations de patriotes. — Affaire de Nancy. — Improbation du peuple. — Faits divers.

Chap. III. — Actes anti-populaires. — Tentative de fuite de Louis XVI. — Fuite de Varenne. — Massacre du Champ de Mars. — Mouvement contre-révolutionnaire. — Nomination de Lafayette au commandement de l'armée du Centre.

Chap. IV. — Intrigues avec Capet. — Impopularité. — Lettre de Lafayette. — Voyage à Paris. — Mise en accusation de Lafayette. — Manœuvres contre-révolutionnaires. — Désertion. — Parallèle avec Dumouriez.

Chap. V. — Captivité de Lafayette. — Lettre au Directoire. — Conduite sous l'empire et la restauration. — Révolution de 1830.

PIÈCES JUSTIFICATIVES.

A. Quelques réflexions historiques sur l'Angleterre et les États-Unis d'Amérique.

B. Extrait de Champfort, premier portrait de Lafayette.

C. Lettre de Louis XVI à Lafayette.

D. Lettre de Lafayette au roi Louis XVI.

E. Lettre de Louis XVI à M. de Bouillé.

F. Extrait du discours de Collot-d'Herbois à la Convention, second portrait de Lafayette.

G. Troisième portrait de Lafayette, extrait des *Doctrines républicaines*, etc., par Eugène Dufaitelle.

H. Libéraux avaleurs du milliard.

Ouvrages

CONSULTÉS POUR CETTE BIOGRAPHIE.

Le Véritable portrait de nos législateurs, in-8°. 1792.
Révolutions de Paris, par Prudhomme. 17 vol. in-8°.
Histoire de Lafayette, par M. B... 1830. in-8°.
Histoire des Hommes et des Choses, par Sarrans. 1830.
Histoire des États-Unis de l'Amérique septentrionale, par A. Scheffer. in-12, 1825.
Révolutions de France et du Brabant, par Camille-Desmoulins.
Vie de Lafayette, par Regnault-Warin.
Procès-verbal des Électeurs, 1789.
Vie privée et publique du général Lafayette, broch. in-8°. 1791.
Mémoires de Madame Campan.
Collection générale des décrets rendus par la Constituante et la Convention.
Mémoires de Sylvain Bailly.
Papiers trouvés dans l'armoire de fer.
Recueil des arrêts du Tribunal révolutionnaire.
Extrait de la procédure du Châtelet, sur l'affaire des 5 et 6 octobre.
Le Point du Jour, recueil des séances de l'Assemblée, par Barrère.
Essais sur la révolution, par Dulaure.
Collection du Moniteur.
Procès-verbaux des saisies de journaux.
Courrier de Provence, par Mirabeau.
Mémoire des Suisses sur le 10 août 1792.
Histoire de l'abbé de Montgaillard.
Révolution de 1830, par Cabet, député de la Côte-d'Or.
Histoire de la Restauration de la Branche aînée des Bourbons, par un homme d'État, 10 vol. 1833.

PRÉFACE.

L'auteur dédie cette œuvre aux prolétaires; c'est pour eux qu'elle a été faite : il a tenté de les éclairer en même temps sur les hommes et sur les choses. Sans haine personnelle, comme sans égards pour une réputation usurpée, il a voulu briser le piédestal sur lequel le mensonge élève ses idoles, afin de substituer au culte des individus celui des bons principes et de l'intérêt commun.

Ce livre a excité de vives récriminations, et il fallait s'y attendre. Quand on heurte de front de fausses opinions, on met contre soi la coalition de ceux chez qui elles sont enracinées : aussi a-t-on vu les admirateurs de Lafayette employer toutes les armes, chercher à étouffer cette attaque par un silence concerté, ou à la déprécier par la calomnie, abuser du monopole de la presse qu'ils dirigent à leur gré; car eux seuls ont de quoi acheter le droit d'écrire, eux seuls ont des rentes à jeter dans la gueule du Cerbère administratif.

Les feuilletonistes du pouvoir ont pris occasion des discussions excitées par cette brochure pour dire qu'il y avait scission entre les républicains, que le désordre était au camp des démocrates; ils ont menti sciemment : quelques subdivisions qu'établisse la mauvaise foi, il n'y a, en France, que deux partis.

Le premier veut toutes les conséquences de la révolution; il pense que la société est organisée pour tous, et non pour la plus grande joie de quelques oisifs; il hait l'exploitation et les prélèvemens de l'usure sur le travail; il croit l'idée Dieu indispensable au maintien de l'ordre social; il abhorre l'immoralité avec son cortége de désordres, de malheurs et de crimes; il prêche et exerce le dévouement et la vertu; il demande que tous les mandataires soient responsables, et que les emplois soient des devoirs rigoureux et non un objet d'ambition. C'est le parti démocratique républicain.

L'autre est composé de gens qui n'ont foi qu'en eux-mêmes, qui marchandent au peuple ses droits, qui, matérialistes en théorie et en pratique, s'arrangent assez pour leur usage de l'exploitation et de l'immoralité; qui ont peur des épurations, parce qu'ils pourraient être compris dans le balaiement des immondices; qui nient en totalité ou en partie les conséquences de la révolution. Dans l'un et l'autre cas, ils sont de la faction aristocratique. L'homme vraiment populaire met sur la même ligne les athées et les sceptiques en matière d'égalité. Entre le champion des nobles et celui des riches, entre l'ami de la charte et le légitimiste, entre le prédicateur du fédéralisme américain et le saint Jean du Messie Henri V, entre ceux qui préconisent les girondins et les pleureurs de Louis le martyr, il n'y a qu'une différence bien légère. Tous sont unis par un lien commun, l'égoïsme; par une pensée identique, la crainte de l'égalité. Ce sont des vases d'étiquettes diverses qui, tous, en plus ou moins grande quantité, contiennent du poison.

C'est ce qui explique pourquoi des journaux de couleurs différentes ont réuni contre la présente brochure leurs voix accusatrices. Elle posait nettement les principes, traçait la ligne du bien et du mal en politique, ne ménageait, dans sa sévère véracité, aucune oligarchie.

Toutes les nuances ont disparu ; tous les masques sont tombés, et malgré la variété de leur rôle et de leur allure, ils ont prouvé, en aboyant, qu'ils étaient tous de la même race. Je montrais pour le vice une haine profonde, je devais m'attirer la leur.

Je soumets au public les articles publiés, il verra qu'on a clabaudé sans discuter. Partout des injures, nulle part des faits ; des clameurs et point de preuves; des jugemens sans plaidoiries; du fiel, de la haine, et point de mesure. On a dit que la brochure était sans esprit; j'ai écrit avec mon cœur, et non avec ma tête; je tiens plus à la probité qu'au talent, parce qu'elle est malheureusement plus rare : si on m'a accusé de mauvais style, c'est qu'on ne pouvait me convaincre de mensonge.

Dès son apparition, la brochure fut en butte à une diffamation sourde. Lafayette tint ce propos : « *Cette brochure est un ramassis des calomnies répandues dans le temps contre moi. On y cite Collot-d'Herbois et Marat; on sait ce qu'étaient ces hommes-là. Je ne sais pas où l'auteur ou les auteurs ont pris leurs renseignemens; mais je soupçonne qu'ils en ont reçu plusieurs d'un ci-devant membre de la société des jacobins, qui n'avait alors que 19 à 20 ans... enfin de Louis-Philippe.* » Ces paroles étaient répétées publiquement. On disait aussi que l'auteur était Charles Teste, caché sous le nom de Gigault. Ces circonstances donnèrent lieu à la réclamation suivante, qui, après quelques jours de discussion avec le rédacteur en chef de la Tribune, parut dans ce journal, le 27 août, avec l'étrange commentaire qui la suit, et dont l'inconvenance et l'absurde inconséquence ont frappé tous les lecteurs.

« *Au Rédacteur en chef de* LA TRIBUNE.

« Paris, 23 août 1833.

« Mon cher concitoyen,

« Une brochure intitulée : *Vie politique de Motié, marquis de Lafayette, par Emile Gigault*, vient de paraître.

« Plusieurs personnes me l'attribuent et cherchent à insinuer que j'ai pris ce pseudonyme pour la publier. Je dois détromper le public. Je ne suis pas l'auteur de cet écrit; mais j'ai coopéré à sa publication, parce qu'après une lecture très attentive du manuscrit qui m'avait été confié, j'ai reconnu que les faits qu'il renfermait étaient vrais, conformes à l'histoire et appuyés d'ailleurs des documens les plus authentiques.

« Si l'ouvrage eût été de moi, je n'eusse pas hésité d'y attacher mon nom. J'en connais l'auteur depuis plusieurs années. Je l'estimais, et je l'estime davantage depuis cet acte de dévouement à la vérité, qui est, à mes yeux, un trait de véritable patriotisme.

« Veuillez, je vous prie, mon cher concitoyen, insérer cette lettre dans votre prochain numéro, et agréer mes salutations cordiales.

« Ch. Ant. TESTE,
« rue de Clichy, n° 55. »

« On (1) avait répandu le bruit que la brochure

---

(1) Ce on est bien commode pour certaines gens. Il est employé ici pour : « Lafayette avait créé la « calomnie et nous la répétions complaisamment « nous-mêmes dans le salon de la TRIBUNE. »

de M. Gigault avait été inspirée par la police ou par Louis-Philippe, ce qui est pis encore. La lettre de M. Teste n'a été acceptée par nous que parce qu'elle a pour objet unique de dissiper ces calomnies.

« Quant à la brochure en elle-même, nous la trouvons fort malheureuse. Certes, le parti démocratique a des comptes sévères à demander au général Lafayette, et ce n'est pas nous qui nous porterons défenseurs d'un homme vers lequel nous faisons remonter chaque jour une pensée accusatrice. Nous ne sommes pas de ceux qui en politique affaiblissent les erreurs en les masquant; et quand Lafayette a trompé les patriotes, méconnu ses devoirs, outragé ses principes, abusé de l'autorité de son nom pour jeter la France dans l'abîme où elle se débat, nous n'appelons pas cette conduite une faute, mais un crime, un crime après lequel un homme doit dévorer sa douleur et ses remords et désirer une occasion solennelle d'expier ce passé, en mourant avec éclat pour le peuple et la liberté.

« Mais notre opinion bien connue sur le général Lafayette, nous commande de blâmer avec force cette biographie sans esprit, sans mesure, sans goût, œuvre informe, où les choses et les hommes sont confondus, où l'erreur du jugement se mêle au venin d'une coterie qui répand son fiel, sa haine et sa manie d'épuration sans intelligence et sans discernement.

« Quand le parti patriote voudra juger Lafayette, comme il en a le droit, il s'arrangera de manière à donner à ces accusations l'autorité de la raison et de la justice. Un homme qui ne prend mission que de lui-même pour jeter dans le public une brochure dont le moindre défaut est l'inopportunité, doit s'attendre à exciter toutes les défiances des citoyens de son propre parti. Le patronage de M. Teste, quelque important qu'il soit, ne suffira pas à arracher cette brochure à l'obscurité qui la couvre et qui l'ensevelira. C'est ce que nous désirons, comme la meilleure fortune qui puisse arriver à l'auteur et à ses patrons. »

La réponse à cette diatribe ne se fit pas attendre. La voici :

« *A M. Armand Marast, rédacteur en chef de* LA TRIBUNE.

« Paris, le 27 août 1833.

« MONSIEUR,

« Votre commentaire sur la lettre que je vous ai adressée le 23 de ce mois, au sujet de la biographie de M. de Lafayette, nécessite de ma part une réfutation.

« Vous commencez par vous exprimer sur le compte de cet homme politique en termes dont l'énergique sévérité ne concluait à rien moins qu'à la condamnation de son jeune biographe et de ses prétendus *patrons*.

« Examinons : Selon vous, Lafayette a commis *un crime après lequel un homme doit dévorer sa douleur et ses remords*, etc., etc.

« Vous touchez du premier coup la limite devant laquelle toute accusation s'arrête. Vous trouvez Lafayette criminel; la brochure que vous attaquez ne se propose pas un autre but; elle ne saurait aller au delà. Pourquoi donc trouvez-vous mal que d'autres le disent et le publient ?

« Vous la blâmez avec force : 1° Parce qu'elle est *sans esprit*. — L'esprit, Monsieur, n'est trop souvent que l'enveloppe de l'hypocrisie.

2° Parce qu'elle est *sans mesure*. — Je viens de vous prouver qu'elle avait la même mesure que votre propre jugement. 3° Parce qu'elle est *sans goût*. — Qu'a de commun le goût avec le patriotisme ? 4° Enfin parce qu'elle *confond les choses et les hommes, et que l'erreur du jugement s'y trouve mêlée au venin d'une coterie qui répand son fiel, sa haine et sa manie d'épuration sans intelligence et sans discernement.* — A cela je vous répondrai que la brochure fait très bien de confondre les hommes et les choses ; que la distinction que vous établissez est justement le résumé de la doctrine juste-milieu, la variante du mot fameux : *il faut que la vie du citoyen soit murée.*

« Je professe, vous le savez, d'autres maximes. Je pense que nos adversaires ayant pour doctrine l'intérêt bien entendu, nous devons soigneusement rechercher le motif particulier qui les fait agir ; je conçois fort bien que vous ne soyiez pas là dessus du même avis que moi.

« Parlerai-je de l'inopportunité de la publication ? mais je pense qu'il n'est jamais inopportun de démasquer le *crime* (1).

---

(1) Il paraît que cette opinion de la *Tribune* sur l'*opportunité* de la brochure n'a pas eu de durée, et l'on avouera qu'il était bien inutile d'invectiver l'auteur et ses prétendus *patrons*, pour reproduire six jours après, dans le n° du 3 septembre, les plaintes de nos malheureux captifs du Mont-St.-Michel, formulées en ces termes :

« O Lafayette ! que tu nous a joués ! Malheureux
« vieillard, que tes derniers jours doivent te pa-
« raître longs, si jamais tu songes aux victimes du
« roi de ton choix ! »

Faudra-t-il donc être désormais rédacteur d'un journal ou gémir dans les cachots, pour jouir du droit *exclusif* de faire entendre la vérité ?

« Quant à la coterie dont vous signalez le venin et le fiel, ceci est une insinuation contre moi dont j'accepte très volontiers les conséquences. S'il existe, en effet, comme vous l'affirmez, une ligue d'épurateurs, une ligue des bons contre les méchans, des moraux contre les immoraux, des hommes francs contre les intrigans, je dois vous remercier mille fois de m'avoir jugé digne d'en être.

« Ce qui paraîtra à tout le monde une inconséquence patente, c'est votre colère contre cette coterie, puisque, je vous le répète, sauf les détails et le dossier du procès, vous jugez Lafayette comme elle. Elle prendra peut-être note de votre aveu sur ce point; pour ma part, ma vie entière me met à même de dédaigner vos malicieuses insinuations.

« J'ai l'honneur de vous saluer,

« Ch.-Antoine Teste. »

Cette lettre fut ainsi tronquée par LA TRIBUNE.

« Nous recevons aujourd'hui une nouvelle lettre de M. Charles Teste, en réponse à ce qu'il appelle notre attaque contre lui. M. Teste voudrait conclure de notre opinion sur Lafayette que nous devions approuver la brochure publiée par M. Gigault, et il prétend que l'esprit « est souvent l'enveloppe de l'hypocrisie, que « le goût n'a rien de commun avec le patriotisme, etc. » M. Teste a vu le monde assez pour savoir qu'il y a énormément d'hypocrites sans esprit, et le bon goût n'a jamais gâté le patriotisme.

« M. Teste ajoute: « Quant à la coterie dont « vous signalez le venin et le fiel, ceci est une

« insinuation contre moi, dont j'accepte très
« volontiers les conséquences. S'il existe, en
« effet, comme vous l'affirmez, une *ligue d'é-
« purateurs, une ligue des bons contre les mé-
« chans, des moraux contre les immoraux, des
« hommes francs contre les intrigans,* je dois
« vous remercier mille fois de m'avoir jugé di-
« gne d'en être. »

« Nous savons fort bien que M. Teste doit être rangé parmi les hommes moraux, francs et bons, mais nous avons souvent regretté et nous regrettons *plus que jamais qu'il se croie obligé de restreindre à une petite ligue le nombre des patriotes qui ont le droit d'être aussi comptés dans cette honorable catégorie.* En général, il vaut mieux laisser dire du bien de soi que de publier sa propre estime : et *quand on se restreint à un petit cercle, dans lequel on s'absorbe avec un petit nombre de* bons *et de* moraux, on finit par ne prendre d'autre mesure du mérite d'autrui que celle de son propre mérite ; et *ces épurations progressives conduisent invinciblement à l'isolement, à la solitude et même à l'unité.*

« Il serait malheureux, M. Teste en conviendra, que le patriotisme n'eût pas d'autres ressources et d'autres proportions. Assurément, s'il en était là, il ne ferait ni bien ni mal à personne. »

Comment répliquer à cet article ? Quand on se respecte, on cesse de correspondre avec les gens qui tronquent vos lettres. D'ailleurs d'autres journalistes, en entrant dans la lice, nous interdisaient d'y rester.

Dans ses numéros des 28 et 29 août, le Journal de Paris attaqua successivement la Tribune et la brochure. Nous ne salirons pas nos pages de la répétition de ces phrases banales où est reproduite la stupide confusion des principes républicains avec les moyens exceptionnels que la résistance des privilégiés força d'employer contre eux.

Le lendemain, 31 août, on lisait dans le National :

« *A M. le Rédacteur du* NATIONAL.

« Vaucresson, ce 30 août 1833.

« MONSIEUR,

« Il me tombe sous les mains une brochure intitulée : *Vie politique du marquis de Lafayette*, par E. Gigault. J'y trouve deux citations d'une *Histoire des États-Unis*, que j'ai publiée en 1825. L'une et l'autre sont tronquées, et l'auteur se plaît à me faire dire des choses contraires à ma pensée. La répression de la révolte de Springfield, par les miliciens des États-Unis aux ordres du général Lincoln, n'a jamais été blâmée, même par les Américains du parti démocratique ; ce ne fut point un massacre du peuple, et il est absurde de dire que l'armée américaine, à laquelle le général Lafayette offrit de se démettre de son commandement à Baltimore, était dressée d'avance à refuser cette démission.

« M. E. Gigault me qualifie d'*ami et de protégé* du général Lafayette. Si l'amitié pouvait exister entre deux hommes d'un âge aussi différent que M. Lafayette et moi, le titre de son ami serait pour moi le plus flatteur qui pût exister et celui que j'ambitionnerais de mériter. Dans la situation des choses, il est de toute vérité que j'aime et que j'honore M. Lafayette comme il mérite de l'être, et par ceux qui ont pu apprécier la constance, la pureté et l'énergie de ses efforts pour la cause de la liberté, et par ceux qui ont eu l'avantage de le connaître personnellement. Quant au titre de *protégé*, je ne le comprends guère. Je n'ai jamais sollicité ni accepté la protection de personne. Si M. Gigault a prétendu m'offenser par cette épithète, je suis en droit de mépriser son injure.

« Je voulais donner plus de développement à cette lettre et réfuter l'opinion exprimée par M. Gigault sur le général Lafayette; mais un examen plus attentif de sa brochure m'empêche de me livrer à cette tâche. Que dire à un auteur qui commence son écrit par reprocher au général son grand âge en termes qu'aucune exaltation de parti ne peut excuser; qui cite pêle-mêle, comme autorités, les accusations des contre-révolutionnaires, et celles des jacobins les plus exaltés; qui reproduit cette infame calomnie que le général Lafayette emporta en 92 la caisse de l'armée; qui l'accuse d'avoir fait sauver les tantes de Louis XVI, comme si c'était un crime de sauver des femmes étrangères à la politique; qui lui impute la mort de Bories et de ses compagnons, comme si nous ne savions pas tous que dans nos luttes contre la restauration le général Lafayette a toujours été l'homme le plus exposé de sa personne? En vérité, de pareilles accusations sont trop absurdes et ne méritent pas de réponse.

« On me dit que M. Gigault est un jeune homme sincèrement dévoué à la cause de la liberté. Dans ce cas, son dévouement finira par s'éclairer, et alors il comprendra que c'est mal servir sa cause que de lancer l'injure et l'outrage sur des citoyens tels que Lafayette et

Bailly, qui, dans différentes circonstances de leur difficile carrière, ont pu encourir un blâme historique plus ou moins fondé, mais qui mériteront toujours l'estime des cœurs honnêtes et la reconnaissance des patriotes, comme ils ont su mériter la haine inplacable des ennemis de la révolution. »

« Agréez, etc. ARNOLD SCHEFFER. »

La lettre de M. Scheffer, du 30 août, parut dans le journal du 31 août. Notre réponse datée du 2 septembre, adressée au *National*, avec prière de l'insérer, n'était pas publiée le 10, et nous étions forcé d'en poursuivre l'insertion par le ministère d'un huissier. La voici :

« Paris, ce 2 septembre 1802.

« *A M. Arnold Scheffer, à Vaucresson.*

« Je viens de lire dans le *National* du 31 août, une lettre que vous adressez au rédacteur de ce journal. J'emprunte ses colonnes pour vous faire parvenir ma réponse, j'espère que son impartialité lui fera un devoir de l'acceuillir.

« Vous m'accusez d'avoir dans la brochure sur M. de Lafayette fait des citations tronquées de votre histoire des États-Unis. J'ai pris en entier le fait de la répression par les armes de l'insurrection de Springfield; seulement ce que vous appelez révolte, je l'appelle réclamation légitime. Ce ne fut point, dites-vous, un massacre du peuple. Les hommes dont on versa le sang étaient, selon vos propres expressions : *la classe souffrante des pêcheurs et des ouvriers, la partie active de la population.* Si le parti démocratique américain ne blâma point l'emploi de la violence contre eux, c'est qu'il n'avait de démocratique que le nom ; car à l'homme véritablement dévoué à l'amélioration du sort des masses, aucune atteinte au droit du plus grand nombre, aucun acte anti-populaire n'est indifférent.

« En vous qualifiant de protégé de Lafayette, j'ai voulu dire seulement que vos travaux avaient obtenu son approbation, sa bienveillance complète. Vous semblez considérer cette épithète comme une injure ; j'avais cru que, partageant les opinions de Lafayette, vous ne pouviez qu'être honoré de son patronage.

« Vous appuyez sur quelques détails pour blâmer la brochure tout entière et vous dispenser de la réfuter. Ne serait-ce pas plutôt l'impossibilité de nier les principaux événemens et leur tendance contre-révolutionnaire qui vous aurait, comme tant d'autres, arrêté dans votre velléité de réfutation ? J'ai reproduit, dites-vous, toutes les accusations : je n'ai reproduit que des faits, et c'est seulement comme fait, et sans l'adopter, que j'ai cité l'opinion qui, en 1792, lui attribuait l'enlèvement de la caisse de l'armée. Je lui impute, selon vous, la mort de Bories ; bien loin de là, je rends justice à la part qu'il a prise à cette lutte, et je loue son adresse à sauver sa tête, quand celles de ses amis tombaient ; mais on ne le lavera jamais de n'être pas venu, lors de la cérémonie expiatoire de septembre 1830, mêler sur leurs tombes ses pleurs à ceux des Amis du peuple.

« Vous me reprochez d'avoir attaqué Lafayette et Bailly ; et je m'en glorifie. Provocateurs et exécuteurs de la loi martiale, constructeurs de la constitution monarchique et oligarchique de 1789, ils ont dans l'histoire une valeur de royalisme et d'aristocratie ; leurs fronts se sont inclinés devant Louis XVI ; leurs voix ont défendu les privilégiés ; leurs mains ont tenu le drapeau rouge ; ils ont combattu les défenseurs du peuple et de l'égalité : votre avis est que cette conduite mérite l'estime et la reconnaissance des patriotes. Souffrez que le mien soit contraire.

« On vous a dit que j'étais jeune ; j'ai 20 ans ; cependant de nombreuses recherches m'ont mis à même de bien connaître notre histoire contemporaine. Vous aussi, m'a-t-on dit, vous entrâtes jeune dans la polémique politico-littéraire. Vous commençâtes par la louange et vous fûtes applaudi ; je commence par la critique et je suis blâmé. Je vois bien qu'en persistant l'un et l'autre dans notre manière d'être et de penser, notre carrière sera toute différente.

« Veuillez recevoir, Monsieur, etc.

« E. GIGAULT. »

Viennent ensuite deux journaux de Lyon, le *Courrier* et le *Précurseur*.

Le premier, journal ministériel, prend la défense de Lafayette, et répète les lieux communs de ses confrères de Paris sur les dissentions républicaines. Aux deux on peut appliquer cette phrase de Saint-Just : « L'aristocratie « dit : Ils vont s'entre-détruire ; mais l'aristo- « cratie ment à son cœur, c'est elle que nous « détruirons. »

A propos de l'article du *Courrier*, le *Précurseur* du 1ᵉʳ septembre en contient un assez long.

Il vante la *fidélité invariable* de Lafayette à ses *convictions* (comme si la persistance dans de mauvaises convictions était autre chose que de l'entêtement). Il reconnaît qu'il est incontestable que Lafayette a *favorisé de tout son* pouvoir l'établissement et l'affermissement de la royauté du 7 août, mais qu'il en est aujourd'hui complétement séparé. Le *Courrier* avançait que Lafayette *n'a jamais dévié* ; le *Précurseur* en conclut que *c'est Philippe qui a changé de direction politique* ; et après avoir reproduit la note de la *Tribune*, il appelle l'enquête sur les gens qui prétendent reviser l'arrêt de deux générations qui ont entouré Lafayette d'une vénération profonde.

Si le *Précurseur* avait lu la brochure et l'histoire, il y eût vu qu'il y a bien d'autres griefs contre Lafayette que l'intronisation de Philippe, et qu'il était loin d'avoir été toujours entouré d'une vénération profonde. Il établit qu'en 1830 le pays ne pouvait pas tout d'un coup devenir républicain comme aux *États-Unis*. (Ici le fédéraliste montre le bout de l'oreille.)

Que Lafayette a été *indignement trompé*. Il y eut des gens indignement trompés, mais ce ne fut pas lui.

Que ce fut une pensée *pleine de sagesse* qui poussa le républicain Lafayette à *refuser en 1830 de prêter les mains à l'établissement de la république*.

Il n'a pas trompé, continue le *Précurseur*, *les patriotes que nous connaissons*. Ceci donne bonne idée des patriotes que connaît le *Précurseur*.

Il termine par une longue phrase sur l'emportement de quelques jeunes gens que *l'impatience de prendre une part utile dans l'action politique pousse à attaquer des hommes dont l'immense popularité les embarrasse et leur fait ombrage*.

Le *Précurseur* a raison; certes c'est l'impatience d'être utiles qui nous pousse à attaquer des hommes qui emploient contre les intérêts du peuple une popularité extorquée.

La *Tribune*, dans son numéro du 5 septembre, répondant à cet article du *Précurseur*, l'engage à se taire. « Dans l'intérêt, dit-elle, de
« notre propre cause, nous ne pouvons con-
« sentir à entrer plus avant dans une discussion
« que son propre silence (de Lafayette) nous
« semble avoir eu pour objet de fermer. »

Aussi presque tous les organes de la presse furent fidèles à la consigne : *Silence sur la brochure*. Cependant le *Bons-Sens*, journal hebdomadaire, qui n'est plus qu'une succursale du *National*, lança ainsi ses invectives dans son numéro du 1ᵉʳ septembre :

« De prétendus républicains se sont armés de l'injure et de la diffamation contre le vétéran de la liberté républicaine. M. de Lafayette est en butte aux traits des Catons de la démocratie. Voilà qui est bien encourageant pour le patriotisme ! Déclarez-vous donc partisans de la république, pour être confondus avec ces sectaires en délire, dont l'intolérance trouve à épurer parmi les meilleurs citoyens, et qui proscriraient Aristide. Le pamphlet auquel nous faisons allusion paraît écrit de bonne foi ; la police l'aurait payé bien cher. Voilà de ces républicains dont nous avons parlé, et qui font si bien les affaires de la monarchie. »

J'écrivis au rédacteur la lettre suivante, et, cette fois, ma réclamation fut insérée en entier, avec le commentaire qui la suit.

« *A M. le Rédacteur du* Bon Sens.

« Paris, 2 septembre 1833.

« Monsieur le Rédacteur,

« La fin de votre article intitulé : « *Bulletin de l'intérieur*, » contient contre ma brochure sur la *Vie de Lafayette*, une attaque violente qui n'est motivée par aucune appréciation.

« Vous m'appelez *prétendu républicain*. J'ai prouvé que Lafayette n'était pas républicain. N'est-ce pas plutôt à ses défenseurs qu'est dû le titre que vous me donnez ?

« Vous m'appelez dédaigneusement *Caton de la démocratie*. Par Caton, vous entendez, je pense, homme moral et dévoué, ennemi déclaré de tout ce qui nuit au bien-être commun. Je vous remercie : puissiez-vous faire en sorte de mériter la même épithète ?

« Vous m'appelez *sectaire en délire, dont l'intolérance trouve à épurer parmi les meilleurs citoyens*.

« Il est vrai, je suis de la secte délirante qui veut toutes les conséquences de l'égalité, qui croit au dévoûment et à la vertu, qui n'a point de tolérance pour le mal, qui ne compte pas au nombre des *meilleurs citoyens* ceux qui ont, comme Lafayette, combattu le peuple de la voix et du bras. Il est fâcheux que cette secte vous déplaise.

« Vous semblez, vous aussi, craindre l'épuration. Pourrait-elle donc vous atteindre ?

« Je fais, dites-vous, *les affaires de la monarchie*. Mais vous qui soutenez Lafayette, monarchiste constant en 92 comme en 1830, ne les faites-vous pas beaucoup mieux ?

b.

« Vous donnez accès aux lettres des prolétaires. Veuillez insérer la mienne : car je suis prolétaire aussi, et de plus accusé appelant d'un jugement rendu sans examen.

« J'ai l'honneur de vous saluer,

« ÉMILE GIGAULT. »

« Nous n'avons garde de refuser ni même d'ajourner l'insertion de la lettre qui nous est adressée en date du 2 *septembre*, date heureuse, anniversaire bien choisi, qui peut servir de commentaire historique aux arrêts du petit tribunal révolutionnaire dont il paraît que notre jeune correspondant est un des magistrats. Grâce au ciel, leur *dévoûment* et leur *vertu* ne sont point armés du glaive et ne frappent qu'avec la plume. Il faut convenir toutefois que les prévenus qu'ils mandent à leur barre sont singulièrement choisis, et qu'il faut être altéré d'une étrange soif de justice épuratoire pour désigner comme victime, au milieu des coupables contemporains, pour immoler sur l'autel de l'égalité, l'homme que les privilégiés ont en horreur, et qu'honore avec enthousiasme le monde républicain. Sans doute, le tour de Dupont (de l'Eure) ne tardera pas à venir. Qui sait même si les Saint-Just du comité de salut public en espérance ne l'ont pas déjà compris dans quelque vertueux arrêt de proscription ? M. Émile accepte le surnom de Caton à titre d'homme moral, d'ennemi déclaré de tout ce qui nuit au bien-être commun ; il nous souhaite ironiquemnt les mêmes droits à cette *épithète*. En vérité, faut-il rire, faut-il avoir pitié de cette confiance à se poser grand citoyen, adversaire de la plus vénérable illustration civique, censeur hautain de notre patriotisme qui, du moins, a subi quelques épreuves ? Quel âge a M. Émile ? qu'a-t-il fait ? où a-t-il gagné ses éperons de patriote ? Il a composé une brochure qui prouve que ses études mêmes sont très incomplètes, bien qu'il s'érige en donneur de leçons ; il prend les gros mots pour de l'énergie, et sa logique argumente à coups de poing. Comparé au langage des ouvriers qui occupent notre tribune prolétaire, son style rétrograde d'un siècle. Nous en appelons à ces ouvriers ; s'ils avaient à opter en assemblées primaires, hésiteraient-ils entre la république Lafayette et la république Gigault ? Celui-ci, du haut de sa présidence, nous apostrophe en ces termes : « Vous semblez, vous aussi, craindre l'épuration ? » A cette menace, c'est un tout autre sentiment que celui de la peur qui nous saisit ; mais à la place de celui qui la profère gravement, nous craindrions le ridicule : car, en France, il peut devenir fatal aux meilleures causes. »

On voit par cette correspondance, que personne ne s'est aventuré dans la discussion des faits ; ils restent donc dans toute leur force, et la brochure se réduit à un syllogisme jusqu'à présent irréfutable : Tout ennemi du peuple est coupable.

Or, Lafayette a combattu, a trompé le peuple (la brochure n'est qu'une collection de preuves à l'appui de cette assertion), donc Lafayette est coupable.

On ne peut attaquer cet argument qu'en arrachant les pages de l'histoire, et quand même on réussirait à en rayer quelques unes, le reste suffirait pour condamner l'homme que nous accusons. A-t-il jamais eu de larmes pour la misère du peuple ? Riche, il n'a jamais songé aux pauvres. Sa seule pensée a été de se faire un nom, de conserver ce nom, d'acquérir de la popularité. Il s'est trop aimé pour aimer le peuple ; il a eu trop d'égoïsme susceptible et mesquin pour se prendre de vive sympathie pour la grande famille des prolétaires : bien plus, quand ils se sont levés, quand ils ont demandé leur part du festin, quand la parole puissante des montagnards les appelait à l'égalité, il s'est mis à la tête des ennemis du peuple, il s'y mettrait encore en pareille occurrence. C'est le chevalier de Louis XVI, le créateur du club monarchique et de celui des feuillans, le préconiseur et le complice de l'assassin Bouillé, le Gisquetaire de 1790 et 91, le général séditieux, l'émigré transfuge de 1792. Si, alors, il eût été jugé et condamné, qui donc eût osé le défendre ? et depuis, n'a-t-il pas été conséquent avec ses principes ? En 1830, il a mérité qu'on lui répétât le dilemne de Danton : Vous aviez fait des promesses au parti populaire : ou vous avez livré votre patrie, ou vous êtes stupide de vous être laissé duper par la faction orléaniste. Ses idolâtres lui font un mérite de son immobilité ! Puissent les vrais patriotes s'unir pour détruire la confiance aveugle du peuple, en un homme qui a compromis le sort de deux révolutions ! puissent leurs efforts empêcher que celle qui se prépare, livrée à ses mains pure et brillante, n'en sorte, comme ses sœurs, boiteuse et mutilée.

On a dit que j'avais cédé à des influences étrangères en publiant cette brochure. Voici une pièce de vers que je voulais, il y a près de deux ans, faire insérer dans le *Tyrtée*; elle prouvera que mon opinion sur Lafayette ne m'est pas nouvelle.

LE HÉROS DES DEUX MONDES.

Il est donc toujours là le vieux stationnaire,
Toujours nous entravant, nous qui voulons marcher,
Toujours contre le flot du torrent populaire
    Immobile comme un rocher.

Quand ayant essayé sa force à la Bastille,
La canaille saisit la noblesse au collet,
Quand, ainsi qu'une mère appelle sa famille,
    La liberté nous appelait,

Lafayette se mit bravement à l'ouvrage;
Aux bords américains un beau feu l'emporta.
Dans l'arène, effaré de son propre courage,
    Il fit un pas... et s'arrêta.

L'honnête homme se dit, arrangeur pacifique :
« Entre les ennemis cimentons un traité,
« Et tâchons d'accoupler la monarchie antique
  « Avec la jeune liberté. ».

Pourtant les rois s'en vont : les palais en ruine
Croulent... En grandissant, le corps des nations
Brise et fait éclater l'étoffe trop mesquine
  Des vieilles constitutions.

Lent comme le battant d'une cloche qui sonne,
Lui, volontaire esclave au cercle de sa foi,
Toujours nous assourdit de ce cri monotone :
  La nation, la loi, le roi.

Point de variations à son thème gothique :
En juillet comprimant le peuple révolté,
Il a fait du drapeau de notre république
  Une égide à la royauté!!!...

Ennemi du progrès, ne saurais-tu comprendre
La voix du peuple en marche et qui traîne ses fers ?
Ne t'a-t-elle pas dit qu'il est fou de prétendre
  Immobiliser l'univers ?

Ah! sois maudit... Mais non : que le vulgaire adore
Dans ses vœux incomplets ce vieillard entêté,
Héros du *statu-quo*, vénérable rémore
  Du vaisseau de l'humanité.

A la gloire érigez des marbres, son emblême,
Vous, voleurs patentés, banquiers, gens de trafic ;
Pour sauver l'égoïsme à son heure suprême
  Il a créé l'ordre public!..

De sa tête a jailli la horde boutiquière,
Race de Damoclès dont le regard béant
Voit toujours suspendu le bras du prolétaire
　Sur les écus du fainéant.
　　　　　　　　　Juillet 1832.

VIE POLITIQUE

DE

MARIE — PAUL — JEAN — ROCH — YVES — GILBERT

MOTIÉ MARQUIS DE LAFAYETTE,

NÉ A CHAVAGNAC (HAUTE-LOIRE)

LE 6 SEPTEMBRE 1757.

CHAPITRE Ier.

Ce livre paraîtra à plusieurs hors de saison; à quoi bon peser une vieille monnaie rognée et sans empreinte?

Il est toujours temps de détruire une erreur. Citer Lafayette à la barre de l'opinion, c'est y citer l'aristocratie bourgeoise et le constitutionnalisme bâtard dont il fut l'immuable défenseur. On se lasse enfin d'entendre appeler le juste, ce soi-disant républicain, fauteur d'inégalités, complice de Louis XVI, coupable de lèse-nation et de lèse-progrès.

Lafayette a été l'adversaire de la classe la plus nombreuse, le directeur de la résistance au bien-être des masses : il a suscité la guerre civile; il a été factieux en combattant pour des privilégiés : nous l'en accusons les preuves en main; qui peut nous en blâmer? Les égoïstes, les monopoleurs des avantages sociaux, les ennemis du peuple, tous gens dont l'improbation nous honore.

Nous avions songé à examiner dans cet avant-propos, l'origine et la marche de la révolution, à déduire de l'application de ses tendances une théorie du bien et du mal politique.

Mais en refeuilletant la vie de Lafayette, nous avons trouvé l'élévation des réflexions historiques peu en harmonie avec la mesquinerie d'un homme qui n'a rien compris aux événemens dont il fut témoin, en a suivi le cours sans conscience

I

de la source et de l'embouchure, et, louvoyant toujours contre le vent populaire, n'a cherché qu'à jeter l'ancre dans la fange d'une constitution oligarchique.

Nous dirons peu de mots de ses exploits en Amérique. L'insurrection des États-Unis eut pour cause non la souffrance des masses, mais la lésion de quelques intérêts mercantiles; pour prétexte, l'obligation imposée aux colonies de contribuer au paiement des dettes de la métropole, et l'introduction du papier timbré à Boston. Les actes diplomatiques de la République naissante, appuyés par Lafayette auprès de la France et de l'Espagne, tendaient à obtenir des traités de commerce. Elle refusa en 1793 de reconnaître la Convention, et son agent Moriss déclara se considérer comme envoyé près le roi de France. Elle ne donna aucun secours à la France en lutte avec tous les rois; elle conserva toujours son caractère d'égoïsme en dehors du mouvement révolutionnaire européen (1).

Lafayette quitte la France tant par amour de la gloire qu'à cause de sa mésintelligence connue avec sa jeune épouse, mademoiselle de Noailles. Débarqué à Charles-Town sur un navire frété à ses frais, il fut nommé d'emblée major-général; et si ses services furent distingués, il le dut plutôt à ce grade qui le mettait en évidence, qu'à une véritable supériorité.

(1783.) Il fut un des fondateurs de l'ordre de Cincinnati. Les officiers de l'armée se formèrent, « afin de défendre les « droits et les libertés de l'espèce humaine, » en société ayant des affiliés et une correspondance régulière. Le titre de Cincinnati était héréditaire par ordre de primogéniture et par branche collatérale, et donnait droit à une décoration spéciale.

(1786.) Après la guerre il se montra un des plus zélés

---

(1) Pour connaître le vrai caractère de l'insurrection américaine, il suffira de lire la notice imprimée ci-après (A). Elle renferme des considérations supérieures sur les causes et les effets de cette insurrection. Nous la tenons d'un littérateur distingué qui a séjourné quelque temps en Amérique.

soutiens du parti fédéraliste, qui, maître de la direction des affaires, cimenta son pouvoir du sang des démocrates. Environ quinze mille pêcheurs et ouvriers de différentes villes s'insurgèrent, disant que la propriété américaine, sauvée par les efforts de tous, devait appartenir à tous. Attaqués, près de Sprinfield, par le général Lincoln, sans moyens de résistance, sans armes, sans munitions, ils furent presque tous massacrés (1). Le premier acte des républicains des États-Unis, si prônés par la coterie qui veut importer en France leur forme et leur pensée gouvernementale, fut donc le massacre du peuple.

De retour en France (1788), Lafayette s'unit à cette minorité de la noblesse qui, dédaignée à Versailles, demandait la représentation anglaise, et une position pour elle entre le peuple et le roi; qui commençait, par égoïsme et en haine du pouvoir royal, le mouvement qu'elle chercha à entraver quand il menaça les intérêts de l'oligarchie. Appelé à l'assemblée des notables, il demanda un des premiers la convocation des états généraux. Nommé député, il resta totalement étranger au serment du jeu de paume et à la prise de la Bastille (14 juillet 1789) (2), dont il se préparait, dit un biographe, à recueillir les fruits comme patriote, ou à combattre les effets comme aristocrate (3). Il vint, après que la retraite des troupes qui cernaient Paris eut été obtenue par l'assemblée nationale, annoncer cette nouvelle aux bourgeois qui délibéraient alors, comme ils le firent quarante ans plus tard, sur les moyens de confisquer la victoire du peuple. Ils le jugèrent propre à seconder leurs vues, et lui offrirent le commandement de leur

---

(1) On trouve ce précieux aveu dans l'*Histoire des États-Unis*, par Arnold Scheffer, ami et protégé de Lafayette. (1 vol. in-12, 1825.)

(2) Rien n'égale l'impudeur avec laquelle Lafayette s'est toujours affublé de décorations qu'il n'avait pas méritées, et d'honneurs qu'il savait bien ne pas lui être dus. Ainsi il se laisse pensionner tout récemment comme vainqueur de la bastille, et il n'était pas à Paris le 14 juillet; il porte la décoration des combattans des trois jours, et il ne parut que lorsque la victoire était assurée.

(3) Voir *Véritables portraits de nos législateurs*, in-8°, 1792.

milice, qu'il accepta *sous le bon plaisir du roi*. (1) Dès lors sa vie fut liée à l'existence de cette milice qu'il appela garde nationale. Le moelleux de ses manières, ses promenades dans les rues, sa haine pour la haute noblesse, ses protestations de dévouement, lui gagnèrent le cœur des bourgeois, et il se mit à l'ouvrage avec eux, écartant tous ceux qui avaient pris part au fait d'armes de la Bastille. Il distingua par un uniforme spécial ces vingt-quatre mille boutiquiers enrégimentés, ce qui les fit désigner par le peuple sous le nom de *bleus*. Il créa (août 1789), une garde soldée de dix mille hommes dévoués; il organisa un corps de mouchards à son usage (2); il se réserva par un réglement le droit de revoir les jugemens des conseils de discipline; il disposa de toutes les places de l'état-major, auxquelles furent assignés de gros traitemens en faveur d'officiers de naissance, riches et titrés; et pendant que les vainqueurs véritables végétaient dans le dénuement et adressaient de vaines plaintes à l'assemblée constituante, Lafayette, *le sauveur de ce temps-là*, fêté, choyé, complimenté, fleuri, couronné, traité de grand général par les dames de la halle, parcourait les rues sur un cheval blanc, haranguant, saluant, daignant être affable avec la canaille, faisant tout ce que nous avons vu faire à Louis-Philippe dans un but semblable et des circonstances analogues.

Malgré ces démonstrations grimacières, la popularité du duc d'Orléans gênait les progrès de la sienne. Il forme le projet d'incorporer dans la garde nationale soldée, les gardes françaises dont le duc était colonel, et va de caserne en caserne solliciter de chacun d'eux serment de fidélité. Danton ayant

---

(1) Pour cette place de commandant de la milice parisienne, Lafayette avait un seul rival à redouter : c'était M. le marquis de La Salle. Celui-ci se contenta de servir sous ses ordres. Malgré cet acte d'abnégation, on verra, par l'extrait de Champfort imprimé ci-après (B), avec quelle *astuce* M. de Lafayette sut s'en débarrasser plus tard.

(2) Il les appelait lui-même ses observateurs (Voir Prudhomme).

obtenu du district des cordeliers un arrêté qui conservait au régiment son nom et son drapeau, ce fut seulement le 6 octobre que Lafayette parvint à éloigner son concurrent, en l'accusant auprès du roi, en le faisant charger d'une mission en Angleterre, en semant contre lui des libelles après son départ. Est-ce le remords d'avoir été l'ennemi du père, qui le détermina à tromper la nation sur le compte du fils?

Installé dans son commandement, Lafayette commence ses travaux, comme député par présenter une déclaration des droits de l'homme, et de l'homme vivant en société. Cette déclaration, vigoureusement combattue par Robespierre, contenait les articles suivans :

Article Ier. « La nature a fait les hommes libres et égaux : « les distinctions *nécessaires* à l'ordre social ne sont fondées « que sur l'utilité commune.

Art. II. « Tout homme naît avec des droits inaliénables et « imprescriptibles : tels sont la liberté de toutes ses opinions, « le soin de son honneur et de sa vie, le droit de propriété, « la disposition entière de sa personne, de son industrie, de « toutes ses facultés, la communication de sa pensée par tous « les moyens possibles, la recherche du bien-être et la résis-« tance à l'oppression.

« L'exercice des droits naturels n'a de bornes que celles « qui en assurent la jouissance aux autres membres de la « société. »

Le premier article consacre tous les priviléges, toutes les distinctions inégalitaires.

Le second est absurde et révoltant : la liberté de *toutes* les opinions est la tolérance de l'athéisme, de l'immoralité, de l'égoïsme, et la négation d'un fait incontestable, la nécessité d'une morale sociale. Le droit de propriété, tel que l'entendent ses partisans absolus, transmission héréditaire des instrumens du travail (1), n'est ni naturel, ni imprescriptible : concédé par la société, il a, depuis son origine, subi d'énormes

---

(1) La propriété n'est que le droit de jouir du fruit de son travail.

modifications, et doit en subir encore en ce qu'il a de contraire à l'intérêt commun. La disposition entière de sa personne est l'autorisation donnée à l'individu de se tuer, de se vendre, de se prostituer, d'être oisif, d'exploiter ses semblables; et la fin de l'article, en l'assurant à tous, établit entre les hommes une lutte désorganisatrice. L'égalité est omise dans cette nomenclature des droits, comme dans presque tous les discours de Lafayette, qui entendit à peine par ce mot la suppression de la noblesse; or la liberté, la possibilité d'agir sans entraves sur ses semblables et le monde extérieur, est monopolisée par le riche, si l'organisation sociale ne fournit à chacun les moyens de développer ses facultés morales et physiques, l'instruction et les instrumens de travail.

(Octobre 1789.) Conséquent avec ses principes, Lafayette fut de l'aveu même de Bailly, un des derniers à se réunir au tiers-état. Il signe une pétition contre la réunion des ordres, et ne parle en faveur de la roture qu'en désespoir de la cause nobiliaire. Lorsque la crainte des vengeances du peuple déjà exercées sur un grand nombre de châteaux, et la jalousie réciproque du clergé et de la noblesse déterminèrent les privilégiés à faire abandon de leurs droits si nuisibles au peuple; lorsque, dans la mémorable nuit du 4 août, les plus grands seigneurs féodaux consentaient à un juste sacrifice, lui seul osa demander une indemnité, lui seul voulut vendre les priviléges infames qu'il lui était impossible de conserver (1).

Il base le système électoral sur la propriété : afin de défendre de l'insurrection populaire l'accaparement par les riches de toutes les fonctions civiles, il demande et obtient une loi martiale dont l'effet est d'armer les citoyens les uns contre les autres, sans qu'aucune loi analogue prévienne les complots des aristocrates. Il demande le jury aristocratique anglais.

Il presse l'organisation judiciaire, « afin de vaincre les

---

(1) Voir la Vie de Lafayette par Regnault-Warin, son panégyriste.

« factions qui s'opposent à l'établissement de *l'ordre public*. »

Pour balancer l'influence des Jacobins, avec Bailly et l'appui du ministère, il fonde au Palais-Royal le club de 1789, où s'élaborent toutes les lois anti-populaires. Les frais de local, la splendeur des banquets, en écartaient la plupart des députés. Il n'était composé que d'agens secrets de l'aristocratie et de créatures des gens en place. Les principes adoptés par ses membres furent soumis à Louis XVI, quand on chercha à le faire évader. Ces clubistes créaient deux chambres, l'une de patriciens à vie ayant au moins trois cents ans de noblesse, l'autre de députés des communes ayant au moins douze mille francs de rente. Le clergé restait dans tous ses droits et prérogatives ; le roi nommait à toutes les places ; la constitution était mise en harmonie avec ces institutions oligarchiques réalisées en partie dans la charte de 1814. Lafayette insiste (18 juin 1790) sur la nécessité de donner de la force et de l'éclat au roi, « qui doit être au dessus du peuple. » Il appuie une liste civile de vingt-cinq millions. Il demande avec Mirabeau pour le roi le droit de disposer de toutes les forces de l'état, droit de verser le sang d'une nation au gré d'un caprice, diplôme d'assassin, dont tant de guerres injustes, et, de nos jours, celles de Napoléon, l'invasion d'Espagne et la ridicule parade d'Anvers ont montré le danger.

Il confère avec le roi et le ministre Montmorin, et porte à Mirabeau les offres de la cour. Il est l'entremetteur de la corruption de ce traître (1).

Il soutient la loi du *veto* dont Louis XVI abusa si fatalement, le droit d'opposer la volonté d'un seul à la volonté de tous. Il défend l'inviolabilité royale, indulgence plénière

---

(1) Un seul fait, raconté par Lafayette, et qu'on pourrait au besoin rappeler à sa mémoire et préciser, suffirait pour prouver ce rôle de corrupteur dont il se chargea bénévolement; mais la lettre toute confidentielle que Louis XVI lui écrivit le 29 juin 1790, et que nous réimprimons ci-après (C), en dit assez pour établir cette lâche connivence.

pour tous les crimes, doctrine absurde ; car tout homme doit être astreint à une responsabilité d'autant plus rigoureuse qu'il occupe une plus haute fonction, et que ses actes influent sur le sort d'un plus grand nombre.

Il appuie les ministres dans leurs rapports mensongers ; il demande le renvoi par devant le beau-frère de Léopold des Brabançons iusurgés (30 avril 1790). Lors des troubles populaires à Marseille, il propose de citer à la barre deux membres de la municipalité de cette ville.

Dans ses discours, à cette époque et ultérieurement, son éloquence est à l'unisson de ses vues politiques. Ce sont des phrases traînantes, verbeuses, entortillées, gonflées de mots, vides d'idées, psalmodie dont le refrain est qu'il faut affermir la constitution, c'est-à-dire établir le *statu quo*. Il y professe parfois, à la façon de Louis XVI et autres Capets, le dévouement au peuple en paroles démenties par les faits. Le mot d'*ordre public* y est répété autant que dans les proclamations des inventeurs du juste-milieu, et l'examen de sa conduite va nous prouver qu'ainsi qu'eux il entend par ordre public, non la régularisation pacifique du progrès, mais l'opposition de la force matérielle aux exigences populaires.

Il dirigeait la garde nationale. C'était alors comme en 1830 un syncrétisme de bourgeois égoïstes, une armée d'exploitans défenseurs de la liberté dont seuls ils profitaient, qui les affranchissait d'une loi morale et leur donnait des droits sans accroître leurs devoirs ; ennemis de l'égalité qui amène l'émancipation des exploités. C'était l'égoïsme armé s'opposant, sous le masque d'un principe conservateur, à tout changement qui, en diminuant ses jouissances, ajoute à la somme de travail que la société exige de lui.

A la tête de cette horde, Lafayette remplit constamment les fonctions d'un *Gisquetaire*. Le peuple s'apprête le 23 juillet à faire justice de l'infame Foulon, intendant dilapidateur et concussionnaire, qui s'était plu à répéter : « Un « royaume bien administré est celui où le peuple broute « l'herbe des champs; si jamais je suis ministre, je ferai

« manger du foin aux Français. » Des juges sont nommés par la foule assemblée : ils refusent; le peuple rend une sentence de mort et l'exécute.

Lafayette avait protégé Foulon de toute sa puissance, non par horreur du sang qu'il versa au Champ-de-Mars, mais par sympathie pour le coupable. Il écrivit à Bailly : « Le « peuple n'a pas écouté mes avis, et le jour qu'il manque à la « confiance qu'il m'avait promise, je dois quitter un poste « où je ne peux plus être utile. » En traçant ces lignes, il savait bien que les électeurs bourgeois ne consentiraient pas à l'abandon de ses fonctions de commandant. Le serment fait par les districts de lui obéir *à la rigueur*, la nomination de son fils, bambin de dix ans, sous-lieutenant de celui de la Sorbonne, l'offre d'un traitement de cent cinquante mille francs qu'il refusa généreusement, effacèrent de son esprit un projet qui n'avait jamais été qu'apparent : « Si j'avais su, « dit-il à Bailly, qu'on eût accepté ma démission, je ne l'aurais « pas offerte. » Semblable aux virtuoses qui donnent du relief à leurs chants en feignant de les refuser (1).

Il continua donc à faire manœuvrer les bourgeois. Lors de la discussion du *veto*, des citoyens s'assemblent paisiblement au Palais-royal, pour traiter des questions politiques et s'éclairer mutuellement. Aussitôt de nombreuses patrouilles l'encombrent, se jettent sur les causeurs, les chassent à coups de crosse, croisent sur eux la baïonnette, les arrêtent illégalement, menacent d'amener du canon dans le jardin. Quelques jours après parut une caricature copiée en 1830; elle représente les soldats-citoyens, un bandeau sur les yeux, conduits par des monstres chamarrés de cordons et de croix; l'un d'eux tient une épée sur la poitrine d'un citoyen porteur d'un rouleau sur lequel on lit : *Constitution, Liberté*. Le titre est : *Le patrouillotisme chassant le patriotisme du Palais-royal*.

---

(1) Il avait déjà donné une première représentation de cette comédie en Amérique, et précisément à Baltimore, où il se fit supplier par des miliciens, bien dressés à ce rôle, de garder le commandement. (V. *Histoire des États-Unis*, par Scheffer.)

(5 octobre 1789.) Le pain manquait à Paris depuis le 1er octobre, et la cour de Versailles insultait à la misère publique par une scandaleuse orgie. Dans un banquet des gardes-du-corps, la cocarde tricolore est foulée aux pieds, et la cocarde noire et blanche est arborée; le roi et la reine font le tour de la table aux cris de : *A bas la Nation !* Marie-Antoinette disait le lendemain : *La journée de jeudi m'a enchantée !* Un complot dont Lafayette était instruit, et dont il avait parlé à table, chez M. Jauge, au comte d'Estaing, est formé pour enlever le roi et le conduire à Metz. A ces nouvelles, le peuple se porte à l'Hôtel-de-Ville, en force l'entrée, et demande à partir pour Versailles : il faut assurer à la capitale des subsistances : il faut prévenir la fuite du roi en l'amenant à Paris : il faut faire justice de l'aristocratie !

Lafayette parvient à chasser les assaillans de l'Hôtel-de-Ville. Déjà il avait mandé au ministre St.-Priest de n'être pas inquiet, parce qu'il détruirait le projet d'aller à Versailles. Il envoie à l'assemblée nationale et aux ministres un message ainsi conçu : « M. de Lafayette commence à être maître des « troupes : la tranquillité se rétablit; l'Hôtel-de-Ville est re- « pris. » Il en dictait un autre à un administrateur, quand ses grenadiers vinrent lui demander à marcher : « Vous voulez donc, leur dit Lafayette, forcer le roi à vous abandonner ? » Les grenadiers répondirent : « Le peuple est malheureux : si le roi est trop faible pour gouverner, qu'il abdique en faveur de son fils. »

Cependant les femmes, rassemblées sur la place de Grève, criaient que les administrateurs étaient de mauvais citoyens, et qu'il fallait les mettre à la lanterne, Lafayette et Bailly les premiers. Le général sentant l'impossibilité de se rendre maître du mouvement, termine sa dépêche, la fait partir pour Versailles, et marche à la tête de douze mille hommes de garde bourgeoise. Déjà une foule d'hommes armés de fusils, de piques, de broches; de femmes amaigries par la famine, étaient arrivés au château; et, en fermant les grilles et remisant les voitures préparées pour la fuite du roi, lui ôtaient les moyens de profiter de l'avis de Lafayette.

Le général, en arrivant, alla prendre les ordres de Louis XVI, le rassura, et promit de le protéger (1). Il ne put cependant empêcher l'exécution de deux gardes-du-corps et l'invasion du château, dans la matinée du 6 octobre. Vers les sept heures et demie, neuf gardes-du-corps étaient tombés entre les mains du peuple : « Grenadiers ! dit Lafayette, j'ai « promis au roi qu'il ne serait fait aucun mal à MM. les « gardes-du-corps ; si vous me faites manquer à ma parole, « je vous abandonne ; sabrez ! » Les grenadiers délivrèrent les gardes, mais ne jugèrent pas devoir verser le sang du peuple pour épargner celui des aristocrates. Vers les neuf heures, Lafayette se rendit chez la reine, lui représenta sa présence comme « nécessaire pour calmer la multitude, » et la conduisit sur le balcon, où se trouvait le roi annonçant son prochain départ pour Paris. Voyant qu'on imposait silence à ceux qui criaient : *Vive la reine!* « la reine, dit-il, « est fâchée de voir ce qu'elle voit devant ses yeux. Elle pro- « met d'aimer son peuple, d'y être attachée comme Jésus- « Christ l'est à son Église (2). » Antoinette pleura et leva la main en signe d'approbation. Lafayette prit cette main et la baisa courtoisement, embrassa plusieurs gardes-du-corps, et échangea avec l'un d'eux son ceinturon. Il se montra pendant cette journée fidèle à son système, conciliant le monarque et le peuple, gagnant par des actions à double face la faveur des oppresseurs et des opprimés (3).

De retour à Paris il se déchaîne plus activement contre l'esprit d'amélioration et de réforme ; au moindre acte du pouvoir digne d'improbation, il met sur pied toute la force mi-

---

(1) Après ces belles promesses, Lafayette alla tranquillement se coucher, et dormit toute la nuit. C'est du moins ce que lui reprocha Chabroud dans son rapport sur les 5 et 6 octobre. (Voir ce rapport.)

(2) *V.* Procédure criminelle instruite au Châtelet.

(3) Lors de ce grand mouvement révolutionnaire, Lafayette fut évidemment entraîné par le torrent, et fit tout pour le comprimer ; tandis qu'après la révolution de juillet il lança le flot populaire sur Rambouillet, afin d'avoir les coudées plus libres pour le grand escamotage.

litaire, double les patrouilles, illumine, marque les maisons, entretient l'inquiétude par des précautions intempestives. Nous avons vu, après juillet 1830, une seconde représentation de ces scènes-là.

C'est surtout contre les écrivains populaires que se déploie sa haine ; tandis que, loin de poursuivre la multitude des pamphlets aristocratiques et des ouvrages obscènes, il place une garde à la porte de l'abbé Royou, rédacteur de l'Ami du roi, un de ces journalites stipendiés, de ces plats folliculaires dont la race encore vivace à présent serait bientôt éteinte s'ils méritaient d'occuper la plume ou l'épée des gens honnêtes.

De malheureux ouvriers sans ouvrage gagnaient leur vie à colporter des papiers : malgré la déclaration des droits, Lafayette, cet ami de la légalité, donne ordre de saisir indistinctement tous papiers criés ou non criés qui *n'émaneraient pas de l'assemblée nationale*. (19 et 20 octobre 1789.) Aussitôt la garde bourgeoise s'empare avec violence du journal de Prudhomme, des Séances de l'assemblée nationale, du Courrier français, et autres journaux patriotiques : une foule de procès-verbaux attestent cet ordre et son exécution.

CHAPITRE II.

(21 janvier 1790.) Dans son journal l'*Ami du peuple*, Marat défendait énergiquement les droits du peuple ; un décret de prise de corps avait été lancé contre lui le 8 octobre, et depuis, la loi sur la procédure criminelle avait annulé ces sortes de décrets. Néanmoins Lafayette le fait mettre à exécution. Dans l'appréhension d'un mouvement populaire, craignant de ne pas trouver de fidèles exécuteurs de ses ordres dans les gardes nationaux du district des Cordeliers, il s'adresse à ceux des Barnabites, et rassemble 400 hommes de cavalerie qu'il échelonne dans le carrefour Bussy, la rue des Fossés-Saint-Germain, la rue de la Monnaie et le bas du Pont-Neuf. La maison de Marat absent est envahie, ses presses brisées ; un homme s'enivra du vin du journaliste, et ayant avalé dans son ivresse une préparation chimique, mourut sur-le-champ. Danton qui s'était opposé à ce pillage fut poursuivi par le Châtelet.

(Février 1790.) Cette expédition arbitraire avait nui à Lafayette. Plusieurs pamphlets furent lancés contre lui, entre autres : *Blondinet, général des Bluets*. L'abbé Fauchet, plus tard guillotiné (1), se chargea de son apologie ; et après l'avoir

---

(1) Cet abbé fut un des personnages les plus remuans de la révolution : il était d'abord prédicateur du roi, c'est sans doute en cette qualité qu'il prononça, en 1786, l'oraison funèbre de Louis-Philippe d'Orléans, aïeul de Louis-Philippe, dont le prix lui était encore dû en 1792. (V. *La Tribune* du 17 mai dernier.) Destitué par Louis XVI, il bouda la cour, tout en conservant ses rapports avec l'aristocratie. Pour éloigner ensuite les soupçons que la continuité de ces relations fesaient planer sur lui, il fit une dénonciation publique contre ceux qui avaient voulu attenter à la liberté de la nation, et il y englobe adroitement Lafayette. Membre de la convention, il vota l'appel au peuple

loué pompeusement en sa présence à la commune, il proposa de le nommer commandant général des gardes nationales. Les relations de l'abbé avec la famille de Noailles firent présumer que c'était une occasion concertée de réhabilitation. Lafayette s'empressa de répondre que lors de la discussion sur l'organisation militaire, il demanderait qu'un même individu ne pût commander à la fois les gardes de plusieurs départemens (1).

(14 juillet 1790.) La fête de la fédération radouba complétement sa popularité avariée; il fut tout le jour circonvenu de complimenteurs, claqueurs, embrasseurs: et si le peuple cria : *Vive la nation*, la bourgeoisie hurla : *Vive Lafayette*. Le Champ-de-Mars, qu'il devait ensanglanter, fut témoin de son triomphe, comme depuis, de celui de Charles X et de Philippe, et à aussi juste titre. Un citoyen qui osa traiter d'exagéré l'enthousiasme de la garde nationale, fut par elle traîné en prison et même menacé de la lanterne; quelques officiers allèrent jusqu'à comparer Lafayette à Jules César, en présence de Sieyes qui répondit : *Dites donc Gilles César*.

(31 juillet 1790). Cette ovation l'engagea à persévérer dans la voie qu'il s'était tracée : le 31 juillet paraît une invitation à tous gardes nationaux de ne se montrer qu'en uniforme (2), pour déjouer les manœuvres des mal intentionnés. « Les poignards de la calomnie, y est-il dit, sont aiguisés, « on prêche l'insurrection contre l'autorité constitutionnelle

---

et le bannissement; il fut enfin guillotiné comme Girondin-fédéraliste, et plus spécialement encore comme complice du crime de Charlotte Corday.

(1) Il eut quelque velléité de renouveler cette scène de fausse modestie à la chambre de 1831, lorsqu'on y discutait la loi sur l'organisation de la garde nationale. Quelques compères se chargèrent de ce rôle.

(2) En décembre 1830, lors du procès des ministres, la même invitation fut renouvelée par le même homme, dans les mêmes vues liberticides, et dans l'unique but de sauver ces grands criminels.

« du roi, de coupables manœuvres ont été employées ; mais
« voués, par nos principes et nos sermens, au maintien de
« la constitution et de *l'ordre public* (voir nos observations
« sur le style de Lafayette), nous ferons notre devoir avec
« une inébranlable fermeté. » Cette phrase est grosse des
massacres du Champ-de-Mars.

(31 juillet 1789.) A cette invitation qui crée un corps
spécial d'espions et de sergens, se joint l'ordre d'arrêter les
colporteurs. La garde nationale se rue sur eux, les fouille,
les insulte, les frappe, les emprisonne. Le soir, à l'assemblée constituante, Malouet, membre, comme Lafayette, du
club ministériel de 1789, fit connaître l'objet de la grande
colère du général, en dénonçant avec frénésie les pamphlets
démocratiques de Marat et de Camille Desmoulins, sans rien
dire de la Gazette de Paris, de Royou, de l'adresse aux
provinces, des Actes des apôtres, et autres infames libelles
aristocratiques. Lafayette et Malouet n'avaient d'ennemis
que les amis du peuple.

(Du 25 au 31 août 1790.) Lafayette en donna une nouvelle preuve dans les troubles de Nancy. Las des exactions,
des insultes et des sévices de ses chefs aristocrates, officiers par
droit de naissance ou par achat de leurs grades, le régiment
du roi envoie à l'assemblée vingt-quatre députés. Malgré
leurs congés en bonne forme, Lafayette et Bailly les mettent
illégalement aux fers, de concert avec le ministre de la
guerre, Latour-du-Pin, intéressé à empêcher la connaissance
de la vérité.

Réclamés le lendemain par le comité militaire de l'assemblée, ils sont admis à exposer leurs griefs. Le 25 août, le
sieur Malsaigne est envoyé à Nancy par le ministre pour
l'examen des comptes des officiers de la garnison. Au quartier des Suisses, il perce de son épée une sentinelle qui lui
refuse passage ; poursuivi par les soldats du régiment de
Châteauvieux, il les fait charger par ses carabiniers, et s'enfuit à Lille. Le régiment du Roi et la classe pauvre s'unissent
au régiment de Châteauvieux. Le bruit dès long-temps

accrédité d'une trahison et de la présence des Autrichiens à la frontière, excite une émeute dans laquelle Malsaigne et un commandant nommé Denoue sont faits prisonniers.

Lafayette appuie un rapport spécieux du ministre sur ces faits, provoque l'envoi à Nancy de Bouillé, son cousin, aristocrate reconnu, et propose d'en sanctionner d'avance toute la conduite.

Bouillé arrive à Nancy le 31 août; au lieu d'entrer par une porte laissée ouverte, il se dirige vers une autre fermée et gardée. Il exige, des parlementaires qui lui sont envoyés, des conditions qu'on s'empresse d'exécuter; il en ajoute alors d'autres plus rigoureuses; et sans attendre de réponse, malgré les supplications de Denoue, relâché par ses ordres, il engage un combat si facile à éviter.

Vaincus après deux heures de résistance, les insurgés furent massacrés avec une rage comparable à celle déployée le 6 juin 1832. La tuerie dura jusqu'au 4 septembre. De ceux qui échappèrent au carnage, 42 furent mis aux fers, 64 condamnés aux galères, 21 pendus, un rompu vif. On évalue à 8,000 le nombre des victimes de Bouillé (1).

Et quand ces nouvelles consternèrent la capitale, Lafayette proposa à l'assemblée de témoigner à l'égorgeur Bouillé son approbation, et sur sa motion une adresse de congratulation fut envoyée par la milice de Paris à celle de Metz, qui avait, suivant le rapport de Bouillé, *montré le plus grand zèle et le plus courageux dévouement*. Pour qui, et contre qui, grand Dieu!

(27 septembre 1790). C'est peu : à la fête funèbre des morts de l'armée de Bouillé, apercevant au milieu des invalides les députés du régiment du roi, Lafayette leur enjoint de se retirer. Au milieu de la nuit du 27 au 28, leur domicile

---

(1) Pour être convaincu de la coopération active et de la complicité flagrante de Lafayette dans ce massacre horrible, il suffit de voir sa lettre à Louis XVI, du 3 septembre 1790, et celle de cet hypocrite tyran à l'infame Bouillé, du 1er septembre, lettres qui furent trouvées dans l'armoire de fer aux Tuileries, et que nous réimprimons ci-après sous les cotes D et E.

est violé par ses sbires chargés d'en arrêter deux et de garder les autres à vue. Ainsi, il termine dans cette affaire comme il avait commencé, par être le sicaire du despotisme ministériel; ainsi, instigateur ardent de la guerre civile, ayant, par lettres distribuées dès le 26 août, invité les gardes nationales de la Meurthe à prêter main-forte; *complice de Bouillé*, auprès duquel il entretint constamment deux correspondans, il est solidaire de toutes les mesures arbitraires, de tout le sang versé.

(Septembre 1790.) Après cela, s'étonnera-t-on qu'il s'absente de la séance où Menou propose d'exprimer au roi la méfiance du peuple à l'égard des ministres? que la veille il courre de district en district avertir les bataillons de se tenir prêts contre tout mouvement populaire?

(30 octobre 1790.) Que rassemblés à Paris sous ses auspices et ceux de Bailly, les fédérés du 14 juillet attachent à sa personne et à celle du roi deux aides-de-camp chargés de faire passer leurs ordres immédiats dans les départemens; le tout pour la propagande monarchique?

(30 septembre 1791.) Qu'il forme le projet de créer une maison militaire du roi, une cohorte prétorienne de six mille gardes nationaux soldés, armée à opposer au peuple, bande de dogues déjà dressés, qu'on eût pu lancer au besoin contre la nation?

Tous ces faits, qui indignaient le peuple, accroissaient l'idolâtrie des bourgeois pour le général; ils frappaient et emprisonnaient les opposans. Pour avoir attaqué un des espions de Lafayette, Marat eut ses presses saisies une seconde fois. (Décembre 1790.) En utilisant les moindres occasions d'exalter le héros, la commune arrête qu'il prêtera serment de n'avoir directement ni indirectement reçu de deniers publics, et il jure avec ostentation, comme s'il y avait mérite à remplir son devoir. (28 octobre 1790.) Un sieur Rotondo ayant tenu des propos contre lui, il envoie prier le Châtelet de ne pas s'occuper des personnalités qui le concernent. (6 décembre 1790.) Une altercation étant survenue entre la sentinelle de l'Autel de la Patrie et les écoliers du collége des Irlandais en promenade au Champ-de-Mars ; Lafayette survient et conduit les jeunes gens au Châtelet. Le lendemain on crie par les rues un imprimé de sept feuilles, intitulé : *Grand tumulte arrivé hier, et beau trait du général Lafayette.* Petit dans les grandes choses, il cherche à paraître grand dans les petites.

Nous allons voir comment il continua de mériter la faveur de la classe moyenne et la haine du peuple.

CHAPITRE III.

(Février 1791.) Peut-être n'aurions-nous pas dû scinder cette histoire, reproduction constante de faits identiques.

Le 6, il favorise la fuite des tantes du roi, et traîne du canon contre le peuple ameuté sous les fenêtres du château.

Instruit, le 27, par Santerre, de l'intention des ouvriers du faubourg Antoine de détruire Vincennes qu'on réparait, il en laisse le 28, selon son usage habituel, commencer tranquillement l'exécution, surprend les démolisseurs, les disperse à coups de sabre, et ramène en triomphe à Paris soixante-cinq prisonniers.

Le même jour a lieu la conjuration des poignards, assemblée de chevaliers armés pour défendre le roi. Il se rend aux Tuileries après leur arrestation, et donne des ordres pour leur sûreté : ils sont relâchés le lendemain, et les soixante-cinq patriotes sont mis aux fers.

Cependant Louis XVI avait conçu le projet de se jeter dans les bras des étrangers. Lafayette en était instruit. Il allait souvent au château, où le 20 juin il prit du punch avec la famille royale. Il correspondait avec Bouillé, son cousin, campé sur la frontière pour protéger l'évasion du roi ; il résolut de le laisser partir et de se donner ensuite le mérite de son arrestation. Peut-être voulut-il, en montrant à Louis l'impossibilité de la fuite, le déterminer à se rallier à l'aristocratie bourgeoise.

(Avril 1791.) Le 18, Louis XVI, après avoir communié des mains d'un prêtre non assermenté, en présence de Bailly et Lafayette, enhardi par cette pieuse cérémonie, veut partir pour Saint-Cloud; mais le peuple s'oppose à ce départ suspect; Lafayette harangue, erre dans le Carrousel, conjure Sa Majesté de rester dans sa voiture, lui promet de lui ouvrir passage. On ne l'écoute point, et les dames de la cour, placées aux fenêtres, rient de son embarras. Il demande au maire l'exécution de la loi martiale; il ne devait l'obtenir que plus tard. Malgré tant d'efforts, Louis XVI se voit contraint de reculer son essai d'évasion. La douleur d'avoir en vain plaidé la cause de son roi, lui fit renouveler l'offre de sa démission. Il ne consentit à conserver sa place qu'à condition qu'on chasserait de la compagnie de l'Oratoire quatorze grenadiers qui s'étaient opposés au départ de Capet, et qu'on lui jurerait obéissance. Sur cent mille gardes nationaux, neuf à dix mille s'y soumirent, et, après la prestation du serment, il en entraîna environ deux mille, la plupart officiers, aux Tuileries, et les présenta à Sa Majesté *comme les appuis inébranlables des prérogatives du trône constitutionnel*.

L'assurance d'une telle protection ne changea rien aux plans du roi, et sa deuxième tentative suivit de près la première (1). Aucune précaution ne fut prise, et la garde du château confiée à la compagnie épurée. Les fugitifs passèrent sans être inquiétés près de Lafayette: il salua même la voiture, sous le guichet de la cour des princes, que Gouvion, chez qui Lafayette alla cinq ou six fois dans la soirée, avait donné ordre de laisser ouvert; mais dès qu'ils furent éloignés, le général, qui connaissait leur route, dépêcha deux aides-de-camp chargés d'arrêter *non le roi*, mais *l'enlèvement du roi* (2). Ces émissaires le joignirent à Varennes après l'arrestation par le maire de cette ville, et Antoinette s'écria à leur vue, avec

---

(1) M. d'Ormesson, officier de la garde nationale, plusieurs fois avant le 21 juin, avertit Lafayette du complot tramé par le roi. Un jour, las de ses perpétuelles visites, Lafayette le conduit vers un placard, l'ouvre, en tire un morceau de drap en disant: « Voilà l'échantillon de l'habit que le roi se fait faire pour partir; voyez si je suis « bien instruit. »

(2) Voir l'ouvrage de M. Sarrans, dicté par Lafayette, et imprimé sous ses auspices. L'expression ultra-jésuitique de Lafayette s'y trouve textuellement rapportée.

l'accent de la surprise : *Quoi! c'est M. de Lafayette qui nous fait arrêter!*

Au bruit du départ de Louis, Paris se remue, le lion des faubourgs rugit et hérisse sa crinière de piques. A travers une cohue menaçante et grondeuse, Lafayette cherche asile aux Jacobins. Danton lui demande qui l'y amène, *lui, signataire du projet des deux chambres;* lui, protecteur des lâches écrivains détracteurs de la Constitution, et persécuteur de ses défenseurs; lui, créateur d'un club destiné à neutraliser l'influence des Jacobins! « Vous avez répondu du roi sur votre
« tête : ou vous avez livré votre patrie, ou vous êtes stupide
« d'avoir répondu d'une personne dont vous ne pouviez ré-
« pondre. Dans le cas le plus favorable, vous vous êtes déclaré
« incapable de nous commander. »

Lafayette a prétendu plus tard(1) que Danton avait reçu de l'argent de la cour pour l'accuser. La corruption de Danton est postérieure; et Lafayette, qui n'avait pas alors la ressource de cette inculpation, ne répondit que par cette phrase ridicule de style et de pensée :

« Le préopinant me demande pourquoi je viens me réunir
« à cette société; parce que c'est dans son sein que tous les
« bons citoyens doivent se trouver dans ces circonstances, où
« il faut plus que jamais combattre pour la liberté; et l'on sait
« que j'ai dit le premier que lorsqu'un peuple voulait être
« libre, il le devenait. »

Mal accueilli, il fut dès lors l'ennemi des Jacobins; il avait cherché, en 1789, à fondre leur club et le sien; il avait même écrit de sa main les bases d'un traité. Il se promit bien de tirer vengeance des démocrates qui l'avaient repoussé. L'occasion ne s'en présenta que trop tôt.

Au sortir du club, il alla à la rencontre de Louis avec ses volontaires et l'entoura de ses bataillons protecteurs : craignant les effets de la colère du peuple, il prit soin, pour ne

---

(1) Calomnie sciemment et froidement inventée à loisir, et mise au jour 41 ans après le fait. (*V.* ouvrage de Sarrans.)

pas l'accroître, d'interdire, sur le passage de S. M., le port d'armes d'usage. Louis méritait de perdre, non la couronne, mais la tête. Tout citoyen déserteur et transfuge à l'étranger, ligué avec l'ennemi contre sa patrie, est digne de mort; pour un homme engagé par serment avec trente millions d'hommes, qui se rend coupable d'un tel crime, il n'y a point de supplice assez grand. L'assemblée s'était bornée à suspendre *les fonctions royales* ; cependant on rédigeait aux jacobins une pétition ayant pour objet de demander à l'assemblée de consulter sur le roi le vœu général. Les sociétés patriotiques se donnèrent rendez-vous pour le lendemain, à onze heures, sur la place de la Bastille, d'où, avec les citoyens ralliés dans le trajet, ils iraient signer la pétition au Champ-de-Mars sur l'Autel de la patrie : grand symbole de la nécessité de sacrifier le roi à la patrie, et non pas la patrie au roi.

Les auteurs du projet, afin d'éviter tout prétexte de désordre, crurent devoir s'appuyer d'une autorisation de la municipalité, et firent une déclaration dont on leur donna reçu.

(17 juillet 1791.) Le matin à huit heures, un dessinateur occupé à copier les cartouches pour la fête de Voltaire, aperçût sous l'autel, où il travaillait seul alors, deux hommes munis de vrilles et de vivres; il rendit compte de sa découverte au poste du Gros-Caillou. Les deux hommes saisis, conduits chez le commissaire, qui refusa de les entendre et ordonna de les relâcher, furent environnés, accusés d'avoir comploté de faire sauter l'autel et les signataires, et, bien que donnant pour motif à leur conduite une curiosité lubrique, tombèrent victimes de la colère d'un rassemblement peu nombreux. Telle était la mauvaise foi du parti anti-populaire, que Regnault de Saint-Jean-d'Angely accourut déclarer à l'assemblée qu'il avait vu massacrer deux excellens citoyens qui prêchaient le respect des lois à une multitude égarée.

Vers les dix heures il y eut, entre les aides-de-camp de Lafayette et des gens du peuple, une légère altercation qui finit par l'arrestation de ces derniers. Le trouble excité par le meurtre avait cessé. Quatre députés venus à onze heures avec du canon et plusieurs détachemens s'étaient retirés, quand, vers midi, les sociétés patriotiques arrivèrent au Champ-de-Mars.

Un envoyé des jacobins annonça que le décret de l'assemblée sur le sort de Louis rendait une autre pétition nécessaire. Quatre commissaires désignés sur-le-champ, avec un ordre et une unité admirables, rédigent une adresse demandant, dans des formes modérées, la déchéance du roi et son jugement par un nouveau corps constituant. Cette adresse fut portée plus tard dans une arche de verre aux fêtes nationales. Pendant qu'on la signe, paraissent trois officiers municipaux qui, ne voyant aucun désordre, se mêlent aux signataires et font retirer les troupes campées autour du Champ-de-Mars. On réclame d'eux la liberté des citoyens arrêtés, et, d'après leur conseil, douze commissaires choisis les accompagnent à l'Hôtel-de-Ville. Bailly leur répond qu'il va aller au Champ-de-Mars rétablir la paix, c'est-à-dire porter la guerre et le carnage. Les gardes bourgeois assemblés sur la Grève chargent leurs armes avec des cris : *Il faut en finir!* éternelle réponse des exploitans jouisseurs aux réclamations des exploités souffrans. Dix mille hommes investissent bientôt le Champ-de-Mars par trois portes, Lafayette et Bailly en tête d'une des colonnes : il était huit heures du soir.

Sur la route un inconnu tira à bout portant sur Lafayette un coup de fusil qui rata. Arrêté, il fut mis en liberté par ordre du général, et le procureur Bernard reçut celui de n'entamer aucune procédure. Cela ressemble assez à l'attentat du Pont-Royal.

A quelques pierres lancées à cent toises de l'Autel, aux cris : *à bas les baïonnettes!* les troupes ripostèrent par trois décharges consécutives, et sans observation de la loi, sans sommation, s'avancèrent tirant à la volée dans une foule immense. Une des décharges fut dirigée sur l'Autel de la patrie, où se trouvaient Danton, Desmoulins et Marat. Plus de trois cents personnes sans armes, hommes, femmes et enfans, périrent. Des gardes bourgeois poursuivirent les fuyards à travers champs en leur jetant leurs sabres dans les jambes; la garde à cheval chargea jusque dans la Seine, où plusieurs personnes faillirent se noyer. Après la boucherie, Lafayette dit à un détachement du centre qui n'avait pas donné : « J'a- « vais confiance en vous, mais vous n'avez pas obéi à la loi. » Bailly présenta cet événement à l'assemblée comme une *mesure de sûreté*.

(18 juillet 1791). Le lendemain commence un mouvement contre-révolutionnaire dirigé par Lafayette et Bailly. Comme plus tard celui du cloître St-Merry, le triomphe des bourgeois est suivi de persécutions, délations, décrets répressifs, arrestations illégales pour paroles et même pour regards suspects; le parti ultra-aristocratique et le parti ministériel se rallient contre les patriotes, et, comme après juin 1832, la cause qui devait deux ans plus tard succomber, semble pour jamais affermie. Un nommé Provant écrivit : « J'ai juré de vivre li- « bre : la liberté est perdue, je meurs; » et il se brûla la cervelle.

Débarrassé du peuple par l'assassinat, Lafayette appuie à l'assemblée le décret présenté par Regnault de Saint-Jean-d'Angely contre les écrits, discours, affiches ; contre ceux qui s'opposeraient à la perception des droits féodaux conservés, à la circulation des espèces ; aux conventions relatives aux salaires) c'est-à-dire aux tributs levés par l'aristocratie sur les pauvres), à l'exportation ruineuse du numéraire par les émigrans, aux manœuvres des accapareurs, à la concurrence entre artisans, qui force ceux qui veulent être préférés à se louer à un prix préjudiciable à la conservation de leur existence. — De concert avec les Tuileries et Coblentz, il renouvelle des *intriguailleries* pratiquées en 1789 avec Mounier pour la révision de la *Charte*, mot qu'il *propose de substituer au mot constitution*, et l'adoption du projet de deux chambres, dont une de noblesse.

Il demande la cessation du sommeil des fonctions royales

et la présentation à S. M. de l'acte constitutionnel, et après l'acceptation du roi, il fait décréter : amnistie générale pour tous les faits relatifs à la révolution (1); liberté de circulation des capitaux; liberté de sortir du royaume et d'y rentrer; décrets dont le premier, assurant l'impunité à tous les contre-révolutionnaires, les enhardit aux troubles, aux libelles, aux conspirations, aux masacres; dont le second ruina la France, en fit sortir cent mille hommes, nos trésors, nos armes, nos munitions; dont le troisième, donnant libre cours aux émigrations, permit à toute la fange aristocratique de s'amasser dans les cloaques de Worms et de Cobientz, d'où elle retomba en pluie impure sur la France, nécessita le décret de l'assemblée sur lequel le roi usant du droit qu'il devait à Lafayette, apposa son *veto* fatal, et amena, en facilitant la levée en masse de l'aristocratie contre le peuple, la lutte terrible de 1793.

L'assemblée nationale avait fini son temps. Timide dans la démolition; bourgeoise égoïste dont la tâche fut achevée quand elle eut constitué l'unité matérielle; effrayée de l'énergie parce qu'elle n'avait pas d'énergie; suant à bâtir une chaussée pour retenir dans ses domaines tout le bien-être sans en laisser une goutte au peuple. Lafayette, qui en résumait si bien l'esprit, se retira avec elle et, comblé d'honneurs par la municipalité, il partit pour sa terre d'Auvergne. Mais le roi qui sentait l'utilité de son appui ne l'y laissa pas long-temps. (Novembre 1791.) N'ayant pu réussir à le faire élire maire de Paris de préférence à Pétion, et lorsque l'espoir de faciliter à l'intérieur et à l'extérieur un mouvement contre-révolutionnaire l'eut déterminé à commencer les hostilités (décembre 1791), il nomma l'ex-constituant Lafayette cordon rouge, gouverneur de Metz et général du corps d'armée du centre, malgré un décret de l'assemblée qui interdisait aux députés de recevoir, avant deux ans, une commission du roi.

---

(1) Il est à remarquer que dans cette amnistie était comprise *l'annulation des procédures commencées contre ceux qui avaient contribué à l'évasion du roi.* (Voir Dulaure, tom. 1, pag. (493).

CHAPITRE IV.

Lafayette se montra digne de la confiance de Capet. A Metz, où pendant son séjour plusieurs femmes prirent le deuil en mémoire du massacre de Nancy, il entretient correspondance avec des émigrés de Coblentz et du Brabant. Deux fois l'arrivée du roi est annoncée à Metz publiquement. Louis projette d'abandonner de nouveau la capitale. Lafayette commande aux tapissiers de Metz de dresser cent lits dans l'hôtel de l'Intendance. Le comité de surveillance nommé par l'assemblée législative découvre le complot. Aussitôt Narbonne, ministre de la guerre, envoie un courrier à Lafayette, et les cent lits sont contremandés (1). A l'armée, il compromet ses troupes par d'imprudentes manœuvres. Loin d'appuyer l'insurrection des Belges, il éloigne de cette contrée les soldats, et les cantonne dans des villages à distance des frontières. A la première nouvelle des succès des Prussiens, au lieu de marcher au secours de nos généraux défaits, il bat en retraite sans même les attendre.

Il était devenu si impopulaire, que, s'il avait voulu changer de cause, le peuple l'eût repoussé. A la fête des soldats de Châteauvieux (17 août 1792), on proposa d'écrire sur une pierre de la Bastille des inscriptions relatives aux événemens de Nancy, Vincennes, La Chapelle et du Champ-de-Mars, où le sang du peuple avait coulé par ses ordres; et quand on réhabilita les victimes de Bouillé, quatre cent mille citoyens rassemblés au Champ-de-Mars dans une cérémonie expiatoire, mêlèrent son nom à celui de ce traître dans leurs malédictions. Trois

(1) Avant le 5 octobre 1789, Lafayette favorisa autant que possible le projet de conduire le roi à Metz. (*V*. pag. 18.)

jours après, malgré l'opposition tumultueuse et les violences de quelques gardes nationaux, la commune accueillit la demande de dix sections de faire disparaître son buste de l'Hôtel-de-Ville.

Les marques de défaveur semblent activer sa résistance. Les jacobins étaient l'objet des imprécations des royalistes. L'empereur de l'Allemagne lançait contre eux des manifestes, et son internonce signalait l'ambassadeur français Semonville, au grand Sultan, comme membre de ce club. Les administrateurs du département de Paris le dénonçaient au ministre de l'intérieur. (6 juin 1792.) Quatre jours après, dans une lettre écrite du camp de Maubeuge à l'assemblée législative, Lafayette accuse de tous les désordres la faction jacobite et les sociétés populaires, et exprime le vœu que le règne des clubs, anéanti, fasse place à celui des lois. Copie de cette lettre est envoyée au roi incluse dans une autre; il y proteste de son dévouement à l'autorité constitutionnelle, et de son attachement à la personne de S. M. « Persistez, « sire, dit-il, dans la généreuse résolution de défendre « les principes constitutionnels; que cette résolution soit « soutenue par tous les actes de votre vie privée, comme « par un exercice *ferme et complet du pouvoir royal.* »

Ainsi il s'opiniâtre à conserver la forme constitutionnelle et les prérogatives du monarque; ainsi il conseille la persistance à celui qui venait, par deux *veto* antipopulaires, de rendre inévitale un combat long et sanglant entre l'égalité et ses ennemis.

(28 juin 1792.) Voyant ses phrases sans effet, après le mouvement des faubourgs au 20 juin, il quitte, sans congé, son armée continuellement harcelée par les Autrichiens; il se présente à la barre de l'assemblée législative, avoue sa lettre, dont on révoquait en doute l'authenticité, demande le maintien de la constitution, la dissolution des jacobins, une instruction judiciaire contre les criminels de lèse-nation, instigateurs des violences commises aux Tuileries. Lameth, Montmorency, Berthier, Latour-Maubourg, colportaient parmi les troupes des adresses dans le même sens, dont plusieurs phrases furent textuellement répétées dans les manifestes du duc de Brunswick, et déterminaient Luckner à se porter sur Paris, mouvement que les représentations du lieutenant-général Biron l'empêchèrent d'exécuter. Lafayette, comptant sur ce mouvement, envoyait Lacolombe, son aide-de-camp, recommander obéissance aveugle aux Suisses qui tirèrent sur le peuple au 10 août; faisait proposer à Louis XVI, par le ministre Duport-du-Tertre, de le conduire à Compiègne avec l'aide de Latour-Maubourg et de Luckner (1); proposait une revue de quatre mille gardes nationaux, et leur donnait rendez-vous pour aller murer la porte des jacobins. Mais toutes ces manœuvres échouèrent. Le craintif Louis XVI refusa ses offres. « Il serait trop fâ-« cheux, dit Antoinette, de devoir deux fois la vie à M. de « Lafayette. » Une trentaine de grenadiers seulement se trouva au rendez-vous. Les sociétés populaires représentaient la volonté populaire, l'unité, l'égalité, la liberté, la conservation sociale par la destruction des factieux; les factieux, les anarchistes étaient, non les jacobins, défenseurs du plus grand nombre contre la classe privilégiée, mais les pareils de Lafayette et de Capet, défenseurs de la classe privilégiée contre le plus grand nombre.

Aussi fut-il appelé traître et factieux par la voix du peuple, qui est celle de Dieu; aussi son effigie fut-elle brûlée au Palais-royal; aussi, en dépit de quelques acolytes qui le précédaient, sommant les citoyens de lui rendre les honneurs militaires, fut-il, à sa sortie de la capitale, assailli de huées, de sifflets, d'imprécations. A la fête de la fédération, son blason fut placé en évidence au plus haut d'un peuplier chargé d'armoiries dont on fit un feu de joie (14 juillet 1792).

---

(1) Il eût gagné Bruxelles par Ostende ou Valenciennes; son passage était préparé à Tréport sous le nom du duc de Penthièvre. Arrivé à sa destination, il eût dissout l'assemblée et réalisé les plans du club de 1789.

Pendant tout le mois de juillet, le bureau de l'assemblée législative fut jonché de pétitions demandant la mise en accusation de Lafayette. Cinq députés signèrent un certificat déposant que le 17 juillet, chez l'évêque de Paris, le maréchal Luckner, interpellé si Lafayette lui avait fait proposer de porter son armée sur Paris, avait dit : « Je ne « nie pas, c'est M. Bureaux de Puzy ; je lui ai répondu : « M. de Lafayette est le maître ; mais s'il marche sur « Paris, je marcherai sur lui, et le dauberai. Ils m'ont fait « d'autres propositions bien plus horribles. »

Hérault de Séchelles déclara avoir entendu seulement : « Lafayette m'a envoyé Bureaux de Puzy qui m'a fait des pro- « positions horribles. »

Bureaux, cité à la barre, remet à l'assemblée une lettre par laquelle Lafayette l'envoie à Luckner pour traiter d'affaires politiques, « ne pouvant se soumettre en silence à la tyrannie « que les factieux exercent sur l'Assemblée et le roi, » c'est-à-dire à la volonté du peuple. Il s'y proclame ami de la liberté, lui opposé à l'exercice du libre arbitre national : ennemi de la tyrannie, lui qui prétendait imposer sa volonté et celle de Capet à vingt-cinq millions d'hommes.

L'assemblée fit écrire à Luckner et à Lafayette. Le premier attribua à sa difficulté de s'exprimer en français une fausse interprétation de ses paroles ; le second, interrogé sur la proposition faite en son nom à Luckner, écrivit : « On me de- « mande si j'ai pensé, si j'ai tenté d'aller faire le siége de Paris; « je réponds en quatre mots : Cela n'est pas vrai. » En s'en rapportant aux accusés sur la décision de leur sort, l'assemblée avait manifesté sa velléité de clémence : elle acquitta Lafayette à la majorité de 406 voix contre 224. (8 août 1792.)

(9 août 1792.) Le peuple, las de tant de résistance au progrès, ne ratifia pas ce bill d'impunité : il injuria et malmena les députés fayettistes. Le 10 août, après avoir justicié un aristocrate monté sur un cheval blanc, il disait : il manque encore un autre cheval blanc. (17 18 19 et 20 août 1792.) Il vit avec plaisir de nouvelles charges s'élever contre Lafayette;

des papiers trouvés aux Tuileries prouver sa complicité contre-révolutionnaire avec Louis XVI et le ministre Dabancourt; les dénonciations des volontaires de l'armée et de la municipalité de Reims, dont il avait demandé l'adhésion à ses desseins, déterminer l'assemblée à le mettre en état d'accusation. Voici le décret daté du 19 août :

« L'assemblée nationale, considérant que le général La-
« fayette a employé les manœuvres les plus odieuses pour éga-
« rer l'armée dont le commandement lui avait été confié;
« considérant qu'il a cherché à la mettre en état de révolte,
« en la portant à méconnaître l'autorité des représentans de
« la nation, et à tourner contre la patrie les armes mêmes des
« soldats de la patrie ;

« Considérant qu'il est prévenu du crime de rébellion con-
« tre la loi, de conjuration contre la liberté, et de trahison
« envers la nation :

« Décrète ce qui suit :

« Il y a lieu à accusation contre Motié-Lafayette, ci-devant
« général de l'armée du Nord. »

L'assemblée chargea quatre commissaires de porter ce décret à l'armée; il était accompagné d'une adresse aux troupes qui retraçait les trames contre-révolutionnaires de la cour et du roi coalisés avec les ennemis du dehors, payant de l'or du peuple les troupes étrangères et les libelles contre-révolutionnaires, et les engageait à rester fidèles à la sainte cause de la liberté et de l'égalité, à ne plus hésiter entre le pays et quelques rebelles. Une joie universelle accueillit ces mesures. — Des Marseillais promirent de l'amener mort ou vif à l'assemblée législative. L'inscription qui distinguait sa maison fut effacée.

Quelque temps après, le graveur Duvivier, chargé par l'ancienne municipalité de couler une médaille en l'honneur de Lafayette, en apporta le coin pour être brisé à l'assemblée, qui ordonna que personne autre que le bourreau n'en souillerait ses mains. Au milieu de l'explosion de l'indignation générale, un seul homme le célébra : un aristocrate condamné par suite du 10 août s'écria du haut de la guillotine : Vive le roi, la reine, monseigneur Lafayette! f..... de la nation!

Digne panégyriste de celui qui allait terminer une progression toujours croissante d'œuvres antipopulaires par la désertion et des tentatives d'armer les citoyens les uns contre les autres.

Les quatre commissaires des représentans envoyés à l'armée traversent la France aux acclamations du peuple. Lafayette décide les autorités de Sédan à les arrêter comme factieux; il somme la garde nationale et la ligne de cette ville de marcher sur Paris pour y faire lever la suspension du roi décrétée le 10 août; il essaie de fédérer les départemens contre Paris; il requiert le directoire de l'Aisne d'acquiescer à l'arrêté de celui des Ardennes; il court de rang en rang avec Lameth pour arracher aux soldats un serment de fidélité en faveur de Capet.

Il luttait contre le pot de fer : ses troupes le conspuèrent, les gardes nationaux répondirent que leur place était aux frontières. Le directoire de l'Aisne donna ordre de courir sus. Se sentant trop coupable pour braver les risques d'un jugement, après s'être mis en pleine révolte, après avoir fomenté l'anarchie, après de vains efforts pour soutenir contre la nation un roi premier ennemi de la nation, il sort d'une patrie dont il était indigne; il se dérobe par la fuite à un supplice mérité. L'armée déjà compromise par son inexpérience, il la compromet par son abandon; s'il faut en croire Prudhomme et Gorsas, rédacteurs girondins du Courrier de Paris à Versailles, et Thuriot qui dénonça publiquement le fait à l'assemblée législative, il emportait avec lui la caisse de l'armée.

Le 18 août, le conseil exécutif avait nommé Dumouriez, traître futur, à la place de Lafayette traître actuel. Il y a parité exacte entre la conduite de l'un en 92, et de l'autre en 93.

« Qu'a voulu Dumouriez, disaient en 93 les représentans
« du peuple dans leur rapport? tout ce qu'ont voulu nos en-
« nemis les plus irréconciliables : séduire nos troupes, les diri-
« ger contre leur patrie, nous donner un nouveau tyran. Le

« coupable Lafayette qu'il a voué lui-même à l'infamie n'en
« avait-il pas fait autant ? »

Comme Lafayette, Dumouriez bat en retraite devant l'ennemi, blâme la conduite de la Convention, déclame contre la tyrannie des jacobins, annonce aux départemens du Nord l'intention de marcher sur Paris, pour y détruire la sanglante anarchie, et rétablir un roi et la constitution de 89, 90, 91; proclame un Capet, fait arrêter quatre commissaires envoyés pour l'amener à la barre, et se voyant mal secondé par les troupes, les abandonne, après de vains efforts pour les conduire vers la capitale (1).

Telle est trait pour trait la conduite de Lafayette. Si Dumouriez vivait, on ne pourrait, sans injustice, le traiter autrement que Lafayette; et par une inconséquence inexplicable, on a des acclamations et des couronnes pour l'un, et de la boue et des injures pour l'autre.

---

(1) Voir aux pièces imprimées ci-après (F), comment Collot-d'Herbois stigmatisa le traître Lafayette à la tribune de la Convention, le 1ᵉʳ juillet 1792.

CHAPITRE V.

Après sa désertion, Lafayette, accompagné de Bureaux-de-Puzy, Latour-Maubourg et Alexandre Lameth, fut arrêté par les Autrichiens, et jusqu'au 24 juillet 1797, où le directoire le délivra, l'aristocratie féodale se vengea sur lui de l'aristocratie bourgeoise en le traînant de cachots en cachots, en le tenant à Olmutz dans une rigoureuse captivité.

Lors de sa délivrance, il refusa de rentrer en France. « Son es-« prit de républicanisme, disait-il dans une lettre, désapprou-« vait le coup d'état du 18 fructidor. » C'était un acte de vigueur du Directoire pour mettre un terme aux progrès effrayans du royalisme. « Je ne fus jamais plus républicain, ajoutait-il, que le « jour où je défendis jusqu'à la dernière extrémité la constitu-« tion de 91, émanée de la souveraineté du peuple Français. » Pourquoi donc, s'il la reconnaissait dans les actes des députés de trois millions d'électeurs bourgeois, l'avait-il reniée dans ceux du peuple levé tout entier comme un seul homme contre les inégalités consacrées par les vieilles lois? Est-ce aveuglement ou mauvaise foi, absurdité ou entêtement aristocratique ?

Il ne revint en France qu'après le 18 brumaire, et ne songea point cette fois à protester contre ce coup d'état qui n'avait pas l'air aussi populaire que l'autre. Après avoir écrit au conseil des Cinq-Cents, puis à Napoléon, ne réussissant pas à se donner quelque prépondérance politique, il se retira dans ses terres où, malgré l'offre de la Légion-d'Honneur et d'une place de sénateur, il resta jusqu'en 1814. Sa bouderie ne l'empêcha pas de lancer son fils dans les états-majors de l'armée impériale, où il fit un avancement assez rapide.

Lors de la chute de l'empereur, Lafayette reparaît comme une momie conservée dans des bandelettes; il s'éveille comme une marmotte après l'hiver; il ne tient pas compte de combien la taille de la France a grandi; au lieu d'employer son influence à lui donner un vêtement digne d'elle, il lui présente les langes de 89 : « Rallions-nous, dit-il aux « chambres après la bataille de Waterloo, rallions-nous au « vieil étendard de 89, celui de la liberté et de l'ordre pu- « blic. » Dans cette circonstance comme dans toute autre, il se mêle des affaires pour les gâter. Il s'acharne sur Napoléon vaincu, jusqu'à l'abdication. Il soulève contre lui les députés; il traite avec l'étranger; il pactise avec l'infame Louis XVIII, directeur avec son frère, pendant vingt ans, de tous les complots, de tous les armemens contre sa patrie.

(1817-1818.) Nommé député sous la Restauration, il fit, comme la plupart de ses collègues, de l'opposition mesquine et bâtarde, petite guerre tracassière et chicaneuse aux faits plutôt qu'aux principes. C'est toujours le même esprit, le même style guindé et entortillé, la même omission du mot égalité, le même abus de celui de liberté, la même haine des démocrates jacobins. C'est toujours le vieux constituant, parlant sans cesse de lui, exaltant sa conduite dans les moindres circonstances, se prônant à la manière de Cicéron, plaidant pour ses formes constitutionnelles et sa garde bourgeoise « créée pour la liberté et l'*ordre public* » (1).

Une phrase du général Foy résume à merveille le but étroit des libéraux de cette époque : « Qui veut moins que la charte, « plus que la charte, autrement que la charte, est un traître. » Ainsi ces gens-là mettaient hors la loi quiconque trouverait mauvaise la charte, œuvre hybride, calquée sur les Anglais, qui laisse subsister l'hérédité du trône, source d'anarchie, la noblesse, le monopole, au profit d'un petit nombre, de l'instruction, de l'électorat, de l'éligibilité, des fonctions civiles, etc., etc. Les libéraux demandaient la liberté de la presse pour eux qui seuls étaient instruits, la liberté du commerce pour eux dépositaires de toutes les richesses sociales,

---

(1). Cet amour pour la garde nationale le porta à faire faire par son ami Ch. Comte, ancien rédacteur du *Censeur*, digne collaborateur de l'actuel préfet Desnoyers, et à propos du licenciement de cette garde par Villèle, une histoire de ses exploits dont il fournit tous les matériaux, et où les actes les plus arbitraires étaient préconisés et lui-même encensé à chaque page. (1 gros vol. in-8°, 1826.)

la liberté de conscience pour être égoïstes et immoraux tout leur saoul ; pendant la lutte avec la féodalité renaissante, ils parurent forts et géans ; après la victoire, la grandeur de l'édifice qu'ils avaient à construire fit ressortir toute leur faiblesse et leur mesquinerie (1).

Lafayette parla sans cesse comme eux. Vota-t-il toujours avec eux ? c'est ce dont on peut douter, quand on le voit si âpre à la curée du milliard octroyé à l'émigration. Il en eut pour sa part 450,682 francs (2).

Tels étaient l'ignorance et l'engouement, qu'en France et en Amérique des couronnes, des ovations accueillaient le héros des deux mondes ; les Américains lui donnaient un million et des terres immenses dans la Virginie. Les bourgeois, par esprit d'opposition à l'aristocratie nobiliaire ressuscitée, lui avaient bâti une haute renommée. Tant que les oligarchies dominent, étant seules directrices, seules en possession de l'instruction, ces vils égoïstes façonnent aisément les masses à leurs idées, à leurs sympathies ou antiphathies. De tout temps on a préconisé des êtres sans valeur, et présenté comme des monstres les vrais défenseurs du peuple. Il est logique qu'on admire les ennemis de l'égalité, quand tout le fretin aristocrate mâle et femelle propage dans le peuple la haine de ses amis par le mensonge, la calomnie et la corruption. La lumière en pénétrant dans la société montre les objets sous leur véritable point de vue. Si cet ouvrage est de nature à éclairer l'opinion sur le compte de Lafayette, que n'a-t-il été publié avant 1830, jour qui lui fournit l'occasion d'abuser d'une popularité usurpée !

Juillet 1830. — Quand le courage du peuple eût assuré la victoire des trois jours, la méfiance engendra la garde bourgeoise. Le dévoûment avait lancé dans l'arène les prolétaires

---

(1) Nous ne résistons pas au plaisir de reproduire ci-après (G) le portrait plein de délicatesse, de justesse et de sentiment que le jeune citoyen Eugène Dufaitelle a fait de ces hommes et de Lafayette dans sa brochure *Doctrines républicaines absoutes par le jury lyonnais*.

(2) Voir à la fin de cet ouvrage (note H) ce que plusieurs de ces messieurs en avalèrent.

des faubourgs : l'égoïsme y jeta les propriétaires. « Gardes
« nationaux, disaient des placards affichés le 30, sortez, si
« vous ne voulez être brûlés dans vos maisons. » Un ex-capi-
taine(1) écrivait dans le *Courrier français* du 30. «Réunissez-
« vous autour de moi, nous veillerons ensemble à la conserva-
« tion de nos familles et de nos propriétés (2).

Le 29, une députation de quelques gardes nationaux lui
offre le commandement; il accepte et se laisse conduire à
l'Hôtel-de-Ville. On dit que le saint-simonien Bazar alla l'y
trouver, et lui conseilla de se proclamer chef de la république, et qu'il répondit : « Je veux rester sur le second plan ;
« Robespierre, Bonaparte, se sont mis sur le premier plan,
« et ils sont tombés ; ce n'est qu'en restant sur le second
« plan que j'ai conservé ma popularité. »

Sa popularité ! Mais nous venons de voir par quelle série de
crimes il l'avait perdue. A-t-il pu jamais oublier lui-même ce
concert d'imprécations populaires dont il fut l'objet? Comment il a pu recouvrer plus tard quelque popularité, voilà ce
qui est vraiment inconcevable! car presque tous les co-acteurs
de Lafayette sont morts sur l'échafaud : Louis XVI le premier.
Luckner fut exécuté le 14 nivôse an II, « pour avoir été l'un
« des auteurs de la conspiration entre Capet, ses ministres,
« plusieurs généraux et les ennemis extérieurs de l'état, ten-
« dant à faciliter, par tous les moyens possibles, l'entrée des
« puissances coalisées sur le territoire français. » Bailly, le 2
brumaire, fut guillotiné au Champ-de-Mars, «convaincu d'avoir
« participé, de concert avec Lafayette, à la fuite de Capet et de
« sa famille, et fait massacrer un grand nombre de citoyens
« à l'affaire du Champ-de-Mars.» Plusieurs jugemens du tribunal révolutionnaire portent : «comme complice de Lafayette
« et autres scélérats. » Sous la restauration, le sang des car-
bonari, dont il était un des chefs principaux, coula sur l'écha-

---

(1) M. Valentin Lapelouse, alors gérant de ce journal.
(2) Le même jour, 30, l'autorité née de la révolution ne fit-elle pas
une proclamation pour inviter tous les colonels de la garde nationale
(on sait quels étaient ces colonels) à se réunir aux mairies *pour procéder
de suite à sa réorganisation?*

faud. Ses excitations et celles de son fils, ses entrevues particulières, ses étreintes et ses embrassemens, y poussèrent le brave Bories et ses amis ; et cependant ni lui ni son fils, qui paradaient alors au Palais-royal ou à la tête de la garde nationale, ne daignèrent assister à la cérémonie funèbre et toute populaire qui eut lieu en septembre 1830 sur le lieu même de leur exécution. Dans les nombreux complots auxquels il a pris part, tels que l'affaire de Béfort et l'échauffourée de Berton, etc., il a toujours su jouer ce jeu terrible avec la tête des autres. Il a survécu pour coopérer à la confiscation de la seconde révolution après la prise du Louvre, comme à celle de la première après la prise de la Bastille.

Le 29 juillet, anniversaire du 9 thermidor an II, jour funeste aux patriotes et favorable aux factieux, il travaille à l'intronisation de Louis-Philippe ; il publie une proclamation dans laquelle, selon sa coutume, il rappelle ses services en 89 ; il fait substituer sur les drapeaux le mot d'ordre public à celui d'égalité ; il impose à la nation l'homme que Dumouriez songeait en 93 à lui imposer ; il invente la monarchie entourée d'institutions républicaines, centaure monstrueux, fatalisme, inégalité, égoïsme, privilége, monopole ; entourés de liberté, d'égalité, de dévouement, de destruction des priviléges et des monopoles. Grace à lui, la révolution

Desinit in piscem mulier formosa supernè (1).

Non seulement il détourna et fit dégénérer cette révolution, mais il la trahit aussitôt que la direction lui en fut confiée.

Dès le 29 au soir, il ne s'entoura que de quelques affidés dont toutes les intentions étaient anti-populaires, et il éloigna ceux qui lui étaient connus par leurs sentimens démocratiques. Quelques sicaires lui servirent de gardes, qui ne laissaient arriver jusqu'à lui que les gens titrés ou les aristocrates.

Il reçut plusieurs fois des députations de la société des Amis

---

(1) Ce vers d'Horace a été traduit librement et élégamment par un de nos jeunes poètes patriotes, M. Gérard, quelque temps après la révolution :

Liberté de juillet ! femme au buste divin !
Et dont le corps finit en queue !

du peuple, mais à chacune de ces réceptions on s'apercevait facilement que son langage devenait progressivement dur et impératif.

Une de ces députations se trouvait devant lui lorsque le comte de Sussy, substitut de l'envoyé de Charles X, vint lui présenter les fameuses ordonnances qui nommaient Casimir Périer, le général Gérard et le duc de Mortemart ministres, et le confirmaient *lui-même dans son commandement de la garde nationale* (1). Tous les assistans furent choqués des mauvais lazzis que Lafayette débita avant de repousser avec indignation ces ordonnances. Il exprima, entr'autres, à M. le comte de Sussy le regret qu'il éprouvait de ce que M. de Mortemart l'avait chargé de cette mission, et n'était pas venu la remplir lui-même : « Nous sommes un peu parens avec M. de Morte-
« mart (2), c'est un brave homme, et, quoique d'opinion
« différente (car il a toujours été plus royaliste que moi), je
« l'estime beaucoup, et je l'eusse vu avec plaisir. » Etait-ce bien le moment de débiter tous ces fades havardages ?

Deux jours après (le dimanche 1er août), il n'était pas aussi *mielleux* envers les Amis du peuple, lorsque le brave et digne citoyen Hubert, qui était à la tête de leur députation (reçue cette fois dans l'antichambre), exprima le vœu que, dans le nouveau gouvernement à donner à la France, la forme monarchique fût proscrite. Une vive discussion s'établit entr'eux, et Lafayette termina sa troisième harangue par ces mots : « Il nous faudra avaler encore une royauté ; mais celle-
« ci sera bonne et bienveillante.... Au reste, c'est une affaire
« résolue, et, comme par le passé, je ne craindrai pas d'ex-

---

(1) Voir *Révolution de 1830*, par Cabet, édition in-8°, pag. 108.

(2) Puisque dans les momens de crise Lafayette se complait à parler de sa parenté, nous croyons bien faire d'en donner ici un échantillon ; il est assez bizarre par le mélange des nuances et le croisé des opinions : d'abord l'infame Bouillé, les Noailles, Latour-Maubourg, de Broglie, Guizot, de Grammont, comte de Lasteyrie, duc de Mortemart; comte de Mérode, les Perrier, de Brigode, de Corcelles, de Laubespin, de Tracy, Bureaux-de Puzy, fils ou neveu de son ancien complice, actuel préfet du juste-milieu, et enfin M. de Remusat.

« poser ma popularité, s'il le faut, pour combattre les exi-
« gences et les prétentions de ceux qui, en s'opposant à son
« établissement, voudraient nous jeter dans les horreurs de
« l'anarchie et du désordre. » Quelle audace déjà (1) !

Enfin, nous ne savons comment dire notre indignation, quand nous voyons cet homme, non content de s'être prostitué, vouloir mener nos amis dans son mauvais lieu, qu'il appelle *la meilleure des républiques*, et les pousser lui-même au Palais-royal pour faire visite à la nouvelle royauté. Heureusement nous avions pour garant le noble caractère d'indépendance que nous leur connaissions d'avance; ils sont revenus des salons de cette cour improvisée plus pleins de mépris encore pour les infamies qui se fabriquent dans les antichambres, et plus fermes amis du peuple dont ils ont toujours été depuis de si courageux soutiens.

Il avait promis, *sur l'honneur*, aux membres du comité-directeur, de compléter la révolution par un grand et imposant mouvement, dont le résultat devait être l'abolition de l'hérédité de la pairie, le renouvellement intégral de la magistrature, et le renvoi de la chambre de Charles X. Il s'était engagé à seconder et faire appuyer de toutes ses forces ce mouvement, qui devait avoir lieu avant le 7 août; tout était convenu pour cela; il avait même choisi le chef qu'il devait mettre à la tête..... Le 4, il est séduit par les agens de Louis-Philippe, entr'autres par le général Gérard, et il leur promet, *aussi sur son honneur*, de l'empêcher. N'est-ce pas là trahir évidemment la cause populaire ?

Depuis il n'a joué qu'un rôle fort secondaire. Il tente, le 2 décembre, de sauver Polignac, comme il avait tenté de

---

(1) Ce nouveau trait de chevalerie royale pourrait paraître étrange à ceux qui ont eu la bonhomie de croire que Lafayette était républicain, par cela seul qu'il s'est donné de temps en temps ce titre; mais que diront-ils lorsqu'ils sauront que quelques mois après la révolution de juillet, il disait à un homme célèbre qui l'interrogeait sur ses desseins : « Mon intention était de faire seulement une république de
« quinze jours ou trois semaines, afin d'établir plus solidement la
« nouvelle royauté. »

sauver Foulon et Berthier. Il admet dans son salon l'infame Talleyrand, nommé par Philippe ambassadeur à Londres, pour y représenter, *in petto*, la sainte alliance, et ostensiblement la révolution de juillet (1). Il dirige les patrouilles contre la société des Amis du peuple (2), comme autrefois contre le club des jacobins. Il se fait nommer par les seigneurs auteurs de l'insurrection de Pologne, qui, du sang polonais voulaient fumer leurs châtellenies et féconder leurs arbres généalogiques, président du comité Polonais.

Il a paru depuis dans quelques bals, docile à l'impulsion de quelques gens qui s'en servent comme d'un signe de ralliement, comme d'une enseigne à attirer les chalans; il a paru de temps en temps à la cour nouvelle, et a prononcé à la Chambre quelques discours insignifians.

Plusieurs ont été cependant très significatifs pour ceux qui, ne se payant pas de mots, voudront peser le vrai sens de ses paroles. Quelques citations suffiront pour prouver qu'il est aujourd'hui ce qu'il fut toujours, et qu'aucun changement ne s'est opéré en lui; ainsi, dans une des séances de la Chambre actuelle, ne s'est-il pas vanté de sa fameuse lettre de Maubeuge et de sa constante haine contre les jacobins? Lors de la discussion sur la grande émeute de Lyon, ne s'est-il pas targué de sa sympathie pour les Lyonnais insurgés en 93

---

(1) Dès que Talleyrand eut été désigné pour aller à Londres et eut fait sa visite à Lafayette, ce dernier fit dire à M. de Potter, l'un des chefs de la révolution belge, déjà réfugié à Paris, par son parent M. Grammont : « Que pour arranger toutes les affaires de la Belgique, il fallait qu'il s'empressât de voir le vieux diplomate. » M. de Potter s'y refusa. Il ne manquait à Lafayette que d'être l'entremetteur des intrigues *protocoléennes*. Quel était le vrai but de cette démarche? Voulait-il aller jouer lui-même à Bruxelles le rôle qu'y joue Léopold? ou bien y faire l'essai de sa monarchie entourée d'institutions républicaines, en posant cette couronne de nouvelle forme sur la tête de son cher parent le comte Félix de Mérode, le plus stupide et le plus fanatique des soi-disant patriotes bruxellois?

(2) C'est son fils George Washington Lafayette qui commandait en personne le détachement de la garde nationale qui vint cerner cette société dans le manége Pellier.

contre la Convention, insurgés commandés par Précy au nom de l'émigration et de son chef Louis XVIII ? Enfin ces jours derniers encore, dans le discours qu'il a prononcé au banquet des Bretons, n'a-t-il pas fait l'éloge de ce tartufe bigot, de cet hypocrite girondin Lanjuinais, et de toute la noblesse bretonne ? Non, il n'a pas changé ; c'est lui et toujours lui (1).

Etonnés de la dorure de cette idole d'argile, nous avons cherché à opposer à ces faits, dont nous ne citons que les principaux, quelques actes en faveur du peuple, la conscience des souffrances du plus grand nombre et de leur cause, mais en vain. Il a défendu l'Amérique, mais il a essayé de désorganiser la France ; il a, en 1788, dépensé quelques sommes modiques pour le rachat des esclaves, mais il a soutenu une constitution qui conservait l'esclavage de nos prolétaires ; il a proclamé, le 20 février 1791, l'insurrection, le plus saint des devoirs, et, en 1792, il a défendu l'inégalité et les prérogatives royales contre l'insurrection la plus juste et la plus légitime ; il a parlé en faveur de la liberté de la presse, mais il a armé des légions contre les écrivains patriotes, il a appuyé, en 1817, contre Villèle, le droit de pétition ; mais il avait, en 1791, fait massacrer des pétitionnaires inoffensifs.

Si nos pères ont eu contre lui des griefs, quels reproches ne sommes-nous pas en droit de lui adresser ; car il a favorisé l'entrée en scène de ces méchans jongleurs que nous sifflons en attendant mieux ; car il nous a dotés d'un autre Bourbon et de toutes ses conséquences ; car il a jeté dans le fleuve de l'égalité cette fange retardataire ?

(1) La noblesse de Bretagne, la plus aristocratique de France, s'opposa, le 16 mai 1788, à l'établissement de l'impôt territorial qui devait atteindre les classes privilégiées. Le 26 janvier 1789, réunie au clergé, elle protesta contre l'ordonnance du 27 décembre, qui donnait au tiers-état une représentation égale à celle des deux autres ordres. Elle fit par sa valetaille, à Rennes, assaillir les bourgeois assemblés, et occasionna une rixe sanglante. Dans l'espoir que, par suite de plusieurs défections, les états se trouveraient trop incomplets pour agir valablement, elle n'y envoya aucun député. (Histoire de Montgaillard pag. 71 et 129; tom. 2.)

Pièces justificatives.

(A)

Quelques réflexions historiques sur l'Angleterre et les États-Unis d'Amérique.

L'exemple de l'Angleterre, qu'on a cité tant de fois depuis 89, nous a toujours été funeste. Tout ce que Voltaire et son école ont témoigné d'admiration pour le gouvernement anglais, eût été sans influence si Montesquieu n'eût prêté à cette erreur son autorité de publiciste. Il est vraiment étrange que ces esprits supérieurs aient négligé dans leurs appréciations et rapprochemens le fait le plus général, le fait décisif. Aucun d'eux n'a tenu compte de l'antipathie traditionnelle qui sépara si long-temps les Français et les Anglais ; aussi n'ont-ils rien compris aux différences qui caractérisèrent le mouvement social chez ces deux peuples.

Un coup d'œil général sur l'histoire moderne prouve que la France a poursuivi continuellement en Europe une œuvre d'assimilation. Aucune nation n'a été si éclairée, si dévouée, si révolutionnaire, si tourmentée de prosélytisme que la France.

L'Angleterre a toujours été égoïste. Ses révolutions ont été circonscrites à son île, sans aucun résultat continental ; elles ont débuté par le fédéralisme, et se sont continuées selon ce principe. Ce furent, en effet, les barons qui se mirent à la tête des communes, et firent de cette insurrection la fortune de l'aristocratie ; tandis qu'en France, par la seule force des choses, et dans un pur esprit d'envahissement ou de propre conservation, la monarchie opéra malgré elle l'affranchissement, et fit prévaloir l'unité contre les résistances féodales.

Les colonies anglaises renfermaient dans leur germe l'esprit de la métropole. Différente en cela de tous les autres peuples européens qui ont colonisé depuis le quinzième siècle, l'Angleterre a fait principalement éclater son égoïsme dans ses établissemens d'outre-mer. Nulle part, jamais elle n'a ni amélioré, ni conservé, ni protégé la condition des indigènes qu'elle venait ou exploiter ou détruire.

L'Espagne elle-même, malgré les cruautés de Fernand-Cortès et l'inquisition, colonisa dans des vues plus larges ; et ce qui le prouve c'est qu'au Pérou, au Mexique, aux Philippines, il y a quatre cinquièmes de sang indigène pour un cinquième de sang colon.

L'angleterre s'est servie des Parias de l'Inde et des sauvages de l'Amérique. Le marchand n'a vu que des races inférieures, vaincues, esclaves. Il a maintenu le *statu quo*, abrutissant ou détruisant les tribus du nouveau monde, et dans les Indes Orientales laissant au Bramisme et à l'Islamisme tout leur poids sur la caste inférieure.

L'esprit américain surtout est l'esprit de la vieille Angleterre. Les États-Unis sont une corporation de marchands et de propriétaires. C'est la chambre des communes sans parlement et sans roi. Aussi le fédéralisme y est-il dans toute sa force, et c'est là ce qu'on se vante d'avoir contribué à fonder, et ce qu'on voudrait nous faire imiter !

Si le dévouement ne se retrouve pas dans l'histoire de tous les peuples, du moins il y paraît de temps en temps comme un phénomène qui prouve la tendance humanitaire vers le bien.

Ce phénomène brilla dans la Grande-Bretagne, au sein des agitations politiques et religieuses qui durèrent jusqu'à la fin du dix-septième siècle. Mais pendant la lutte, et à cause de ses résultats malheureux ou incomplets, les hommes de dévouement qui y avaient figuré furent dispersés. La faction qui restait au pouvoir voyait s'éloigner avec plaisir ses redoutables ennemis, et leur accordait même, pour faciliter leur éloignement, toutes sortes de priviléges, pour en jouir au delà des mers, sur la côte occidentale de l'Atlantique. C'est sur cette partie du territoire américain, qu'on appela ensuite Nouvelle-Angleterre, que ces hommes s'établirent d'abord, et y fondèrent les premières colonies anglaises.

Elles se constituèrent isolément et se peuplèrent les unes de Puritains émigrés, les autres d'individus envoyés par des compagnies propriétaires du terrain. Le besoin de résister aux sauvages, aux Français du Canada, aux Espagnols des Florides, réunirent ces élémens hétérogènes.

Les descendans de ces fondateurs jouirent des avantages que leur avaient légués leurs pères, et ces colonies atteignirent bientôt à un haut dégré de prospérité.

Leur état florissant excita la jalousie de la mère-patrie ; elle crut un jour que le moment était venu pour elle de prendre part au festin des colons américains, et tendit à la réalisation de ce projet par des lois financières.

Des impôts sur le timbre, le papier, le verre, le thé et les couleurs soulèvent l'indignation des négocians : ils forment une association contre l'importation des marchandises anglaises ; la presse et les proclamations appellent le peuple à leur secours, et la lutte commence.

C'est en vain que, pour se soustraire à ces lois, les colons s'appuyèrent sur les titres héréditaires qui garantissaient leurs priviléges. Ceux qui avaient fait ces lois n'admirent point leurs réclamations, voulurent être obéis, et employèrent la force. Mais, dans la résistance qu'on leur oppose, ce n'est point, comme dans l'ancien monde, pour la réforme sociale, pour l'émancipation des peuples, pour le changement des principes dominans qu'est levé le drapeau de l'insurrection.

En effet, si la Grande-Bretagne se fût contentée d'imposer un tribut modéré à ses colonies de l'Amérique septentrionale, celles-ci l'auraient incontestablement supporté. Le dévouement qui les avait enfantées avait fait place à l'amour des jouissances matérielles, et toute lutte eût été impossible contre des maîtres qui n'auraient point touché à ces jouissances.

Ce serait une grande erreur de croire que des principes généreux aient donné naissance à cette résistance, ou assuré plus tard la victoire contre le régime monarchique. C'est si vrai, que même pendant la guerre, et lorsque les chances étaient tout-à-fait contraires aux royalistes, la lutte se serait terminée par la soumission des Colons, si le gouvernement anglais avait consenti à retirer les lois qui avaient motivé l'insurrection.

A l'époque de la guerre d'Amérique, les rois décidaient exclusivement du sort des empires et des peuples, et toute la politique d'alors consistait à maintenir entre les puissances du premier ordre ce qu'on appelait *l'équilibre*. La Grande-Bretagne marchait hardiment à la souveraineté des mers, et les despotes de l'Europe, épouvantés par ce projet, crurent que l'occasion était bonne de le contrarier, en travaillant à embarrasser et à affaiblir l'Angleterre par des secours donnés à ses colonies insurgées.

Tel est le véritable motif qui détermina Louis XVI et sa cour à cette protection longue et efficace accordée dès le principe aux Américains. Les Français, poussés par la haine invétérée qu'ils portaient aux Anglais, applaudirent à ces efforts et les secondèrent de tous leurs moyens.

Les premiers actes de l'insurrection montrèrent évidemment l'esprit étroit et le caractère égoïste de ses directeurs. Au premier congrès, qui eut lieu à Philadelphie en 1774, on ne comptait aucun prolétaire parmi les représentans de chacune des colonies dont il était composé; et lorsqu'on dut nommer un général en chef des armées, on choisit Washington, homme riche, et qu'on savait très bien pencher plutôt pour des arrangemens avec l'Angleterre que pour l'indépendance.

Les événemens amenèrent malgré lui cette indépendance, et les colonies se constituèrent d'après les principes qui avaient guidé leurs premiers pas dans l'insurrection.

Après la victoire, deux partis se formulèrent : l'un en très petit nombre d'hommes dévoués, qui avaient quelques notions d'égalité ; l'autre en majorité d'égoïstes, qui, accordant au peuple quelques droits politiques, se refusaient obstinément à l'examen et à la révision de l'organisation sociale. Le premier obtint avec peine l'abolition des noms d'altesse et d'excellence. Il réclama vainement celle de l'esclavage ; le second, vainqueur, massacra les prolétaires et mit des droits exhorbitans sur les liqueurs distillées, qui, en 1794, firent soulever dix mille distillateurs de la Pensylvanie. En 1793, le parti populaire demandait une alliance offensive et défensive avec la France ; le parti dominant s'apitoya sur le sort des Bourbons, et Washington proclama la neutralité par un décret qui fut appelé *édit royal*, et le fit considérer comme membre de la coalition des rois contre les peuples. En 1797, le parti démocratique fit de vains efforts pour l'abolition de la traite. Un publiciste anglais, M. Edward Rustlon, envoya à Washington, qui avait un grand nombre d'esclaves, un mémoire contre l'esclavage. Washington le lui renvoya, enveloppé d'un papier noir. Quelque temps après il sacrifia les intérêts de la France à ceux de l'Angleterre, dans un traité de commerce.

Qu'on se garde donc bien de croire que l'émancipation de l'Amérique ait été un triomphe pour la cause de l'humanité.

On donna bien le nom de république à la nouvelle puissance fédérale ; mais ce fut un ordre de choses où les riches étaient seuls les maîtres. On se contenta de laisser aux masses le droit électoral qu'on espérait pouvoir diriger par l'intrigue et la corruption ; mais on se garda bien de soumettre les lois à la sanction populaire, sans laquelle il ne peut y avoir dans un état cette égalité d'où dépend la durée des institutions libres.

La pensée qui présida à la fondation de la fédération américaine, fut donc une pensée d'aristocratie et d'égoïsme. L'esclavage convenait à cette pensée, et les lois condamnèrent une portion de l'humanité à vivre dans l'esclavage.

Et qu'on n'aille pas croire qu'on se borna à ce crime de lèse-humanité. Il suffira de dire que sur un territoire aussi vaste que celui des États-Unis, où une population immensément plus nombreuse pourrait vivre, il y a une foule d'hommes qui traînent leur existence dans la plus affreuse misère, tandis que d'autres se vautrent dans toutes les jouissances de la volupté. De là, la réunion de tous les mêmes vices qui souillent nos vieilles sociétés européennes ; de là, cette conduite infâme, ce système impie adopté par le gouvernement des États-Unis envers les indigènes, par lequel il tend sans cesse à leur entière destruction, soit en traitant avec eux lorsqu'ils sont forts, et les acculant sur des territoires plus éloignés, soit en les exterminant lorsqu'ils sont faibles, soit en les fesant périr individuellement par le moyen de liqueurs fortes qu'ils leur fournissent : de là cette disposition, dans les grandes villes surtout, à désirer un maître qui dispense des décorations ou des titres frivoles, dont les sybarites américains rassasiés de satisfactions sensuelles se montrent si avides.

Le système de Washington s'est consolidé. Le fédéralisme a vaincu l'unité et créé un chaos de lois de plus en plus inextricable. C'est le régime féodal revêtu des formes démocratiques.

La possession des instrumens de travail a pour résultat en Amérique, comme partout, l'exploitation du pauvre par le riche. L'aristocratie pécuniaire y grandit chaque jour en avarice, en nullité, en insolence. Il y a même entre les riches des classifications, et dans leurs réunions une démarcation s'établit entre les gens d'un million, de cinq cent mille francs, de cent mille francs et de dix mille francs de rente.

Le préjugé de la couleur y existe dans toute son intensité. A Washington, des Américains invités par le consul du Brésil, refusèrent de s'asseoir à table à côté d'un mulâtre émigré. A la Nouvelle-Orléans, les métis sont regardés comme des Parias. L'esclavage, dont les fabricans de la constitution ont laissé la législation aux corps législatifs particuliers, subsiste dans cinq provinces. Des négocians y ont jusqu'à 800 esclaves.

Les riches profitent de l'augmentation de la classe ouvrière pour diminuer les salaires. La misère nécessite les taxes des pauvres. Le malaise social s'accroît, et si les idées européennes ne reçoivent leur application, si un système unitaire ne dirige vers le but d'amélioration les forces intellectuelles de la nation, nos descendans verront se renouveler sur le sol américain les combats qui ont ensanglanté l'Europe entre les prolétaires et leurs oppresseurs.

(B)

Extrait des œuvres de Champfort.

Paris était dans la joie depuis vingt-quatre heures, et jamais, chez aucun peuple, l'allégresse publique n'avait eu une cause aussi mémorable : c'était l'abolition de la servitude féodale, prononcée par un décret; c'était la destruction de tous les priviléges sous lesquels la France gémissait depuis tant de siècles; enfin, c'était une fameuse nuit, appelée depuis *la nuit des sacrifices*. Le peuple, au milieu de cette juste ivresse, ne veillait pas moins à tout, et ces nouveaux succès ne le rassuraient pas. Quelques citoyens voient passer un bateau au port Saint-Paul;

ils s'informent de sa cargaison, on leur répond que c'étaient des poudres et des munitions qui venaient d'être tirées de l'arsenal, et dont la destination était pour Essone. On s'alarme ; le peuple se rassemble ; le tumulte s'accroît ; les esprits s'échauffent. On mande ceux à qui la garde des munitions de l'arsenal est confiée ; ils montrent leur ordre, et cet ordre est signé *de La Salle* pour le marquis de Lafayette. Aussitôt M. de La Salle est un traître ; on court en foule à la Grève ; on demande sa tête : on prépare le fatal réverbère ! Heureusement M. de La Salle n'était point à l'Hôtel-de-Ville. Il s'y rendait dans sa voiture, lorsque, retardé dans sa route par la multitude qui remplissait la rue, il demande quel était le sujet de ce tumulte. On lui dit, sans le connaître, qu'on en veut à un traître, au marquis de La Salle. Il dissimule sa surprise et sa crainte, descend de sa voiture, et va chercher un asile chez un ami. Cependant le peuple parcourt tous les appartemens de l'Hôtel-de-Ville, enfonce toutes les portes, visite les coins les plus obscurs, et cherche même sous la cloche de l'horloge. En vain leur attestait-on l'innocence de M. de La Salle, en vain leur expliquait-on cet ordre et la cause de cet ordre, que cette poudre était d'une qualité inférieure, qu'on l'échangeait contre une poudre d'une meilleure espèce, attendue d'Essone, que cette mauvaise qualité de poudre appelée *poudre de traite*... *Poudre de traître !* s'écrient quelques uns ; et cette cruelle plaisanterie, en circulant, augmentait encore la fureur de la multitude.

Le général Lafayette, qui avait été appelé *pour expliquer l'ordre donné en son nom* par M. le marquis de La Salle, et qui *n'avait pas donné cet ordre*, se trouva justifié ; mais il augmentait le péril de son lieutenant. *Il s'en tira avec habileté. Il parut entrer dans le ressentiment du peuple*, fit chercher l'accusé, gagna du temps, *donna différens ordres*, et attendait le retour de ceux qu'il en avait chargés. « La nuit avançait, dit M. Dussault, témoin ocu-
« laire de cette scène, et les esprits n'en étaient pas moins agités
« dans notre salle. On y voulait du sang. Les cris de la Grève
« augmentaient la terreur parmi nous ; et déjà les imaginations
« ardentes de quelques uns de nos collègues se représentaient
« les ombres sanglantes des Foulon et des Berthier errantes dans
« notre salle. »

« En cet instant, un sergent *vint parler à l'oreille* de M. La-
« fayette. « C'en est assez, dit le général. Mes amis, ajouta-t-il,
« vous êtes fatigués, et je n'en puis plus ; croyez-moi, allons nous
« coucher tranquillement. Au reste, *sachez que la Grève est libre*
« *maintenant*. Je vous jure que Paris ne fut jamais plus tranquille.
« Allons, que l'on se retire en bonnes gens. » A ces mots, plusieurs s'élancent vers les fenêtres ; ils regardent, *et sont consternés de ce qu'ils voient*, l'ordre rétabli à leur insu. Au lieu de CEUX QUI LES APPUYAIENT, QUI LES EXCITAIENT, ils ne voient plus que DE

NOMBREUX DÉTACHEMENS arrivés de différens districts, des casernes des gardes françaises et de celles des gardes suisses. « *Tout à l'heure ils nous investissaient, et ce sont eux qui se trouvent investis : comment cela s'est-il donc fait, disaient-ils ?* » Et ils furent confondus. M. Lafayette reprend la parole ; et, après leur avoir parlé *comme à de bons amis*, ils défilèrent tous en applaudissant et le comblant de bénédictions.

La conduite que tint en cette occasion Lafayette augmenta beaucoup la confiance que l'on avait en lui, et accrut considérablement son influence sur le peuple. C'était alors un bonheur, et les maux de l'anarchie eussent été trop intolérables sans la sorte d'empire qu'il obtint sur la multitude. (1). Il avait été réservé à ce jeune homme de servir en Amérique la liberté qu'il n'aimait pas, et de rapporter en France une réputation assez peu méritée, qui le mit quelques années après à la tête de la garde nationale parisienne. Tel était l'éclat de cette réputation, que, dans la concurrence pour cette place, son nom seul avait écarté celui d'un vieux militaire connu par d'anciens services, et, ce qui est plus remarquable, par des services tout récens rendus à la révolution. *M. de La Salle se crut honoré de servir sous les ordres de Lafayette*, qui, pour accepter cette place, avait attendu *ceux de la cour*, ou du moins *sa permission*. Ainsi, aux suffrages des amis de la liberté qui voulaient pour chef militaire un homme d'un nom célèbre, il avait réuni ceux de la minorité de la noblesse, flattée de voir un homme de sa classe à la tête de la force armée ; enfin ceux des ministres et des courtisans, qui supposent que l'amour de la liberté dans un noble n'est pas une passion dominante et indomptable. Le temps a prouvé qu'ils ne se trompaient pas. Ce Lafayette que nous venons de voir applaudi, béni par le peuple en 1789, aujourd'hui en 1792... O abîme du cœur humain ! ô contraste révoltant ! le héros prétendu de la liberté, dès long-

―――――――――

(1) C'est toujours avec le fantôme de l'anarchie que les *vrais anarchistes* ont trompé le peuple. Comment se fait-il qu'avec sa sagacité ordinaire, Champfort ait pu être aussi inconséquent dans cet endroit de son ouvrage ? Pourquoi n'a-t-il pas dit qu'un mois environ après cette émeute, *adroitement suscitée* contre le marquis de La Salle, celui-ci vint se constituer prisonnier et demanda à être jugé ; que le conseil général de la commune délibéra longuement sur cet objet ; que Robespierre voulait qu'on instruisît l'affaire, dans l'espoir que la conduite perfide de Lafayette y serait mise au grand jour ; que son avis fût repoussé, et que le mystère continua d'envelopper cet acte du plus pur machiavélisme.

(Ces détails, qui manquaient à notre note, page 6, se trouvent dans le premier volume de *l'Ami du Peuple*, par Marat, où l'on voit l'extrait de la discussion du conseil général de la commune.)

temps traître envers elle, vendu en secret à des rois, même en les offensant, forgeait ses propres chaînes en croyant préparer celles du peuple! l'élève de Washington, qui, deux ans auparavant avait envoyé à son maître les clefs d'une bastille française, se voit, par une suite de ses trahisons dévoilées, conduit honteusement dans une bastille autrichienne. Vil jouet des rois dont il pouvait être la terreur! méprisable et insensé mortel, né pour faire voir que la gloire a ses caprices ainsi que la fortune, qu'elle peut quelquefois n'être qu'un présent du hasard, et tomber, comme tout autre lot, entre les mains d'un être nul, sans talent, sans caractère! Que pensent, que disent maintenant les Américains en apprenant les crimes et même les bassesses de Lafayette, qui partout, sous leurs yeux, sous leurs pas, retrouvent des monumens de sa gloire? Des bourgs, des villes, des contrées entières portent son nom et s'en croient honorés! Le garderont-elles, ce nom aujourd'hui méprisé en Europe?.... O Washington, prends pitié de ton élève, épargne-lui la perpétuité de cette gloire mensongère, qui n'est plus pour lui qu'un outrage et le garant de son immortel déshonneur.

(C)

Lettre de Louis XVI à Lafayette, le 29 juin 1790.

Nous avons une entière confiance en vous, mais vous êtes tellement absorbé par les devoirs de votre place, qui nous est si utile, qu'il est impossible que vous puissiez suffire à tout. Il faut donc le secours d'un homme qui ait du talent, de l'activité, et qui puisse suppléer à ce que, faute de temps, vous ne pouvez faire. Nous sommes fortement persuadés que Mirabeau est celui qui conviendrait le mieux par sa force, ses talens et l'habitude qu'il a de manier les affaires dans l'assemblée. Nous désirons, en conséquence, et exigeons du zèle et de l'attachement de M. de Lafayette, qu'il se prête à se concerter avec Mirabeau pour les objets qui intéressent le bien de l'État, *celui de mon service et de ma personne.* (Recueil des pièces trouvées dans l'armoire de fer, n° 3, page 7 et 8.)

Les deux lettres qui suivent sont extraites du même recueil.

(D)

Lettre au roi écrite de la main de LAFAYETTE.

Ce vendredi 3 septembre 1790.

Le roi sait que la tournure de la lettre de M. Latour-du-Pin n'a laissé rien à dire à ceux qui voulaient des remerciemens immédiats. Le ministre annonce une lettre officielle et déclare que la sienne ne l'est pas; d'où l'on conclut naturellement qu'il faut attendre.

Si j'avais su que le roi écrivît, j'aurais tâché d'obtenir du ministre une autre rédaction, parce qu'une lettre d'un roi ne doit pas être, en quelque sorte, suspendue dans son effet par le compte qui la suit.

Il a été impossible de demander aujourd'hui les remerciemens : on annonçait une dénonciation à laquelle j'espérais répondre ; mais comme il n'y avait pas de base à délibération, il a fallu se contenter, pour cette séance, d'un mot qui manifestât mon opinion avec M. Bouillé sur une *opération* qu'on cherche à dénaturer de toutes manières.

Il y a, ce soir, un peu de fermentation; d'abord contre les ministres, ensuite sur l'expédition de Nancy, *et même contre l'appui que je lui ai donné*. Mais, sur les deux derniers points, les explications calmeront le peuple d'ici à deux jours, à ce que j'espère.

L'immense service rendu par M. de Bouillé est le salut de la patrie, et cette circonstance lui donnera de nouveaux moyens de la servir.

(E)

Lettre écrite et signée de la main du roi.

1er septembre 1790.

A M. DE BOUILLÉ.

J'espère, Monsieur, que vous me connaissez assez pour ne pas douter de l'extrême satisfaction que je ressens de votre conduite à Nancy. Vous avez sauvé la France le 31 août, et vous avez par là montré aux autres le chemin comme ils doivent se conduire; c'est le comble de la bonne conduite que vous tenez depuis un an; et à laquelle vous avez eu bien du mérite par toutes les tracasseries qu'on vous a suscitées. Continuez, Monsieur, la même route; soignez votre popularité; elle peut m'être bien utile et au royaume; je la regarde comme l'ancre de salut, et que ce sera elle qui pourra un jour rétablir l'ordre. J'ai été bien inquiet du péril auquel vous vous exposiez, jusqu'à ce que j'aie reçu les nouvelles de M. de Gouvernet, et je regrette bien sincèrement les braves gens qui ont péri dans cette affligeante mais bien nécessaire affaire. Je vous prie de me marquer particulièrement ceux dont vous avez été content; je vous charge aussi de témoigner aux gardes nationales, ainsi qu'aux officiers et soldats qui vous ont si bravement secondé, combien je suis touché de leur zèle et de leur fidélité. Pour vous, monsieur, vous avez acquis des droits éternels à mon estime et à mon amitié.

LOUIS.

Je sais qu'un de vos chevaux, que vous aimiez beaucoup, a été tué sous M. de Gouvernet : je vous envoie un des miens, que j'ai monté, et que je vous prie de garder pour l'amour de moi.

(F)

Opinion de Collot-d'Herbois sur Lafayette, prononcée à la Convention nationale le 1er juillet 1792.

Général ambitieux, soldat rebelle, il a osé censurer les représentans du peuple, il leur a dicté des lois à main armée : il a planté un germe de sédition et de discorde, en supposant qu'il était douteux que notre cause fût celle de la liberté. Fonctionnaire infidèle, il a quitté son poste pour calomnier les citoyens, il a voulu corrompre l'esprit public... Il a opposé scandaleusement ses volontés au vœu national, relativement aux gens du pouvoir exécutif : il s'est annoncé faussement, inconstitutionnellement, comme l'organe des prétendues délibérations prises par l'armée, pour exiger la violation des principes constitutionnels et l'anéantissement de la déclaration des droits de l'homme. Il ne peut échapper à l'accusation.........................

Qui pourrait en effet la retenir ? (l'assemblée) sont-ce les services de Lafayette ? Je sais que de lâches adulateurs ont fait de ses services un pompeux étalage. Eh bien ! dites-leur de citer dans le cours de la révolution une seule occasion où tout autre que Lafayette n'en eût pas fait autant que lui, de citer un succès où son influence et sa présence aient été efficaces...

J'ai bien observé Lafayette, je l'ai toujours vu indécis, flottant, irrésolu au milieu des grands événemens dont il a pourtant plus d'une fois fait tourner le résultat à son avantage. J'ai vu en lui de l'audace sans courage, de la perversité sans vigueur, de l'ambition sans mérite ; je l'ai vu persécuter avec acharnement les plus éprouvés soldats de la révolution ; je l'ai vu tourmenter les meilleurs citoyens, mettre beaucoup d'appareil à des événemens qui, fortuits encore, gonflaient sa réputation, mais toujours effrayé des mouvemens qui portaient un grand caractère. Tour à tour on l'accusa d'avoir fait évader le roi, et on lui reprocha de l'avoir fait revenir. Il avait cautionné sur sa tête la fidélité de Bouillé, et il s'avoua sans pudeur son correspondant, quand ce transfuge infâme osa menacer les Parisiens et l'assemblée nationale...

De petites ruses de cour, des cabales de l'OEil de Bœuf, si familières aux Noailles, le firent distinguer dans la cause américaine parmi beaucoup de Français qui la servirent mieux que lui, et véritablement le hasard attacha à ce nom de Lafayette une sorte de prestige. Il en a bien profité. Vous vous étonnerez, Messieurs, qu'aux termes de la loi, il n'ait pas voulu le changer pour s'appeler Motié; il a fait très sagement. S'il quittait ce nom de Lafayette il ne lui resterait plus rien.

(G)

Portrait de Lafayette, dans les doctrines républicaines absoutes par le jury lyonnais, par Eugène DUFAITELLE.

Les républicains inconséquens ne s'occupent pas d'économie. Ils ne proposeraient pas d'inspiration un grand système de bien-être pour les masses. Ils en sont encore à se débattre dans une ridicule considération des pouvoirs. Ils ont été engendrés par les doctrinaires auxquels ils touchent par tous leurs systèmes. Ce sont comme eux des esprits peu français. Ils forment l'*école américaine*. Cette école sans originalité et sans audace révolutionnaire a pour chef M. de Lafayette. Miraculeuse impuissance d'action qui n'est pas rachetée par une vaste intelligence: anachronisme élégant d'un style aristocratique et un peu fade; secret de gâter les affaires de son parti, tout en déployant un certain dévouement qui est réel, quoique inférieur de bien loin à des dévouemens contemporains : vertu du foyer domestique; sérénité d'une ame commune et honnête sans exaltation; voilà l'homme que la démocratie a le droit de juger avec sévérité, parce que nul plus que lui n'a fait de mal à la patrie. Cet homme avec ses hésitations, son inactivité, sa théorie des droits imprescriptibles, la timidité illogique de son système, avec des qualités du cœur qui lui sont personnelles, est le représentant naturel et caractéristique des républicains inconséquens.

(H)

Libéraux avaleurs du milliard.

En tête de tous les indemnitaires et absorbant plus de 14 millions, était M. le duc d'Orléans; 14 millions avec un apanage aussi considérable ! — Venaient ensuite les deux chefs de *l'opposition patriote* dans la Chambre des pairs : le duc de Choiseul pour plus de 1,100,000 fr.; M. de Liancourt pour 1,400,000 fr. Dans la Chambre des députés, M. de Lafayette se fit liquider pour 450,682 fr.; M. Gaëtan de Larochefoucault pour 428,206 fr.; M. de Thiars pour 357,850 francs; M. Charles de Lameth pour 201,696 fr. (Histoire de la Restauration de la Branche aînée des Bourbons, par un homme d'Etat, tome IX, page 77.)

FIN.

Milton Keynes UK
Ingram Content Group UK Ltd.
UKHW010636140324
439439UK00007B/947